Karl Julius Weber

Karl Julius Weber

Verneigung vor einem aufgeklärten Kopf
Leben, Wirken, Wirksamkeit

Herausgegeben von
Martin Blümcke und Friedemann Schmoll

KLÖPFER&MEYER

Inhalt

Verneigung vor einem aufgeklärten Kopf – eine Einladung zum Wiederlesen!

Karl Julius Weber – ein eigenwilliger Kopf, ein gleichermaßen witziger wie weiser Literat, mitunter Sonderling und immer radikaler Individualist, Büchernarr und zweifelsohne ein »Meister der literarischen Form in der Philosophie« (Jürgen Mittelstraß). Als solcher offenbart er Scharfsinn, Witz, Gelehrsamkeit und Fabulierlust; es gibt also allerhand gute Gründe, den »lachenden Philosophen aus Hohenlohe« erstmals oder abermals, am besten öfter mal als Lektüre zur Hand zu nehmen. Als Offerte hierzu versteht sich vorliegender Sammelband, der aus Anlass seines 250. Geburtstages am 21. April 2017 zusammengestellt wurde.

Nachdem Karl Julius Weber in seiner ersten Lebenshälfte viel Welt erfahren hatte, zog er sich in die Einsamkeit der hohenlohischen Provinz zurück und entfaltete dort eine beeindruckende schriftstellerische Produktivität. »Der Mensch ist ein Thier, das Brod liebt, und dahin läuft, wo er es findet«, heißt es in einer der zahllosen Sentenzen und Maximen, die er auf den rund 5.000 Seiten seines zwölfbändigen »Demokritos oder hinterlassene Papiere eines lachenden Philosophen« zusammen gesammelt hat. Der »lachende Philosoph« – diesen Leumund seines griechischen Vorbilds aus Abdera in Thrakien reklamierte Weber für sich. Wie der alte Grieche befand auch der Hohenloher, dass die Seele durch die Betrachtung des Wesens der Dinge heiter und gelassen gestimmt würde und nicht rastlos aufreibend zwischen Angst und Hoffnung umgetrieben werden müsse. Beiden war »Euthymia«, gleichmütige Gestimmtheit, ein hohes Gut. Unentwegt berief sich Weber auf sein antikes Vorbild, den »Repräsentant des Lachens«, wenn er ihn etwa sagen ließ: »Ein Leben ohne Freuden ist eine weite Reise ohne Gasthaus […].«

Der »Demokritos«, Webers Hauptwerk, für das er beinahe drei Jahrzehnte lang in seiner privaten Bücherei, die 11.000 Bände umfasst haben soll, und in öffentlichen Bibliotheken gelesen, exzerpiert, thematisch zusammengetragen und verdichtet hat, der »Demokritos« also war das wirkungsvollste Werk, das in seiner Schreib- und Denkstube in schöner Handschrift entstanden ist. Vor seinem Tod am 19. Juli 1832 in Kupferzell hatte Weber noch den ersten Band dieses Werkes in seiner Hand, in dem sich der Autor einstweilen hinter dem namenlosen Titelblatt verbarg. Seine zunächst verfassten kulturhistorischen Schriften über die »Möncherey«, das Papsttum und das Ritterwesen mit ihrem unumwunden antiklerikalen Stachel verhallten weithin echolos im Gang der Geschichtsschreibung. Anders der »Demokritos«, der mehr als das zweite Drittel von Webers Gesamtwerk ausmacht. Diese Sammlung von 281 Kapiteln oder Essays im flüssigen, feuilletonistischen Tonfall beginnt mit einer Definition des lachhaften Moments, ohne eine Ästhetik zu werden, wie sie sein Zeitgenosse Jean Paul geliefert hat, über den sich Weber als die »humoristische Biene des Fichtelgebirges« belustigte. Auf der Suche nach dem Lächerlichen durchstreift der Frei- und Querdenker alle Bereiche des Menschlichen, alle Nationen und alle einschlägigen literarischen Formen. Seine ungeheure Belesenheit wird deutlich in den Namen von Denkern und Dichtern – antiken wie zeitgenössischen –, die er reichlich mit Zitaten zu Wort kommen lässt. Einen rechten »Anthropolog«, dem nichts Menschliches fremd ist, hat ihn schon sein Bruder Heinrich Benedikt Weber genannt, der die anonyme Biografie zu Beginn der »Sämmtlichen Werke« verfasst hat. Das angehäufte Wissen wird von Anekdoten und gelegentlich von Zoten aufgelockert und basiert – ohne Religiosität – auf einem festen Wertesystem. Das liberale Bürgertum des 19. und beginnenden 20. Jahrhundert hat es ihm als Lesepublikum gedankt und zu fünfzehn Gesamtausgaben des »Demokritos« geführt, die letzte 1927. Bis heute faszinieren, ja fesseln diese Texte in der Fülle der Mitteilungen und Einsichten.

Seine im Geist der Aufklärung vorgelegte »Deutschlandreise« sticht aus der zeitgenössischen Reiseliteratur heraus, weil er sich gleichermaßen auf die Kunst des Schauens wie auf die Gabe gelehrter Anschaulichkeit verstand. »Kein deutsches Land, die Rheinlande, Franken und Oesterreich nicht ausgenommen, ist von der Natur so günstig behandelt worden, als Württemberg. Reiche Fluren und Weingärten, herrliche Waldgebirge und schöne Thäler, Flüsse, gemäßigtes Clima, große und reinliche Dörfer, keine großen, aber desto mehr kleine Städte – fleißige, aufgeweckte, frugale und biedere Bewohner, die treu am Fürsten- und Vaterlande hangen, [...] – viel Cultur und Wohlstand ohne übermäßigen Luxus [...].« So fängt dort seine Vorstellung des Königreiches Württemberg an, dem Webers Heimat mit den sechs Ländern der Fürsten von Hohenlohe 1806 zugewiesen worden war. 1826 erschienen die poetische »Harzreise« von Heinrich Heine und der erste von vier Bänden der Reisebeschreibung »Deutschland, oder Briefe eines in Deutschland reisenden Deutschen«. Fast ein halbes Jahrhundert, bis zum Siegeszug der Eisenbahn, war es das Vademekum der gehobenen Reisenden. Die Reisebeschreibung verbindet statistisch-topografische Angaben, Beschreibungen der Historie und der Natur mit persönlichen Eindrücken und Betrachtungen des weitgereisten Fußwanderers Weber. Der kundige und aufgeschlossene Beobachter, der noch das Alte Reich, die Französische Revolution, die napoleonischen Kriege, den Zusammenbruch des brüchig gewordenen Reichsgerüsts und die Neuordnung der politischen Landkarte erlebt hatte, er schildert in großartigen Passagen das Gebiet des Deutschen Bundes mit seinen 38 Mitgliedsstaaten, darunter Preußen und Österreich samt Böhmen. Nicht nur Kenner sollten diese kulturhistorische Kostbarkeit zu schätzen wissen.

Witz und Weisheit schenkte Karl Julius Weber seinem Lesepublikum – allemal Anlass, sich vor dem aufgeklärten Kopf zu verneigen. Dies will der vorgelegte Band, indem er eine Reihe erinnerungswürdiger Facetten und Eigenheiten dessen in Erinnerung ruft, was Weber in »weltweiser Gelassenheit« (Ulfert Ricklefs) geschaffen hat. Zuhause in Hohenlohe, beheimatet in der Welt: Im Kleinen wie im Großen sollen Leben, Werk und Wirkung, die biografische Passage der vom Drang nach Selbstbildung geprägten Schulzeit, die Ironie als sein Markenzeichen, die schöpferische Wechselbeziehung zwischen Lesen und Schreiben, zwischen seiner Freundschaft zu Büchern und seinem eigenen Oeuvre sowie die Geschichte des Langenburger Weber-Denkmals ausgeleuchtet werden. Allerdings: Es soll nicht nur über Weber gesprochen werden, auch er selbst kommt zu Wort! Besondere Freude ist es, mit diesem Band auch einen Erstabdruck zu liefern. Im Herbst 1785 hielt Weber im Öhringer Gymnasium seine »Abschiedsrede« mit »Gedanken über das Verhältnis von Literatur und Philosophie«. Wohlgemerkt, in französischer Sprache: »Pensées sur la Connexion des belles lettres et de la Philosophie. Discours prononcé a l'Examen autumnale le 10. Oct. 1785«. Die Rede war lange verschwunden und konnte in der Universitätsbibliothek in Straßburg wieder aufgefunden werden. Im hier vorliegenden Erstabdruck wurde sie von Schülern und Schülerinnen des Profilfachs Französisch des Gymnasiums Gerabronn übersetzt. Herzlichen Dank dafür!

Seine Entstehung verdankt dieses Buch der Initiative und den Impulsen des Geschichts- und Kulturvereins Langenburg e.V. unter Vorsitz von Wilhelm Arnold Ruopp. Der Geschichts- und Kulturverein hat die Realisierung ideell und finanziell unterstützt.

Für diesen Geburtstagsband wünschen wir, dass gelten möge, was Weber im »Demokritos« allgemein befand: »Kein Buch ist so schlecht, woraus man nicht etwas lernen, oder wobei man nicht auf etwas verfallen könnte, das nicht darin steht.«

Martin Blümcke, Friedemann Schmoll

Friedemann Schmoll

»Prüfet Alles, und das Gute behaltet.«[1]

Karl Julius Weber – Leben, Werk und Wirkung

Für Reinhard

I. Radikale Individualisierung

Was bleibt 250 Jahre nach seiner Geburt vom Vermächtnis eines in jeder Hinsicht eigenwilligen Quer- und Durcheinanderdenkers, der aus der Provinz Hohenlohes aufgebrochen war in die Welt, um 1804 im 37. Lebensjahr wieder in die Landschaft seines Ausgangs zurückzukehren – enttäuscht vom Scheitern seiner Selbstrealisierungsversuche und verletzt von widrigen Ungerechtigkeiten, aber ungebrochen und unabhängig? »Im seligen Gefühl der Freiheit, in dörflicher Stille, unter Freunden, Büchern und unschuldigen Kindern erwachte ich wieder zum Leben und vergaß die Unthaten der kleinen Aristokraten […].«[2] Hinter ihm lagen nach hoffnungsvollen Lehr- und Bildungsjahren vergebliche Anläufe, in einem professoralen Amt an der Universität in Göttingen Fuß zu fassen. Er verschmerz-

---

1 Motto von Wekhrlin junior (= Karl Julius Weber): Der Geist Wilhelm Ludwig Wekhrlins, Stuttgart 1823.

2 Carl Julius Weber: Fragment meines Lebens. 1802-1804. In: Ders: Democritos oder hinterlassene Papiere eines lachenden Philosophen. Erster Band (= Carl Julius Weber's sämmtliche Werke. Zweite wohlfeile Original-Ausgabe. Erster Band), Stuttgart 1848, S. 5-46, hier. S. 42.

te enttäuschte Hoffnungen und erlebte – bis zur radikalen Privatisierung und äußerer Weltabkehr – erfüllte Jahre als Hauslehrer sowie in politischen Ämtern, in denen er die Gunst erfahren durfte, in der »Sattelzeit« (Reinhart Koselleck) europäischer Umwälzungen um 1800 an unterschiedlichsten großen und kleinen Welten und Milieus teil zu haben. Vor ihm lag eine geraume Zeitspanne freigewählter Einsamkeit und umtriebiger schriftstellerischer Produktivität, in der streitbare kulturhistorische Abhandlungen über die geistlichen und weltlichen Repräsentanten der alten Mächte und Ordnungen entstanden, alsbald seine wohlwollend aufgenommenen »Briefe eines in Deutschland reisenden Deutschen« und mit dem »Demokritos« sein eigenwilligstes Opus, das sich allen gängigen Kriterien wissensbuchhalterischer und literarischer Einordnung entzog: »Dieses Kind der Liebe ist kein frivoler Witzling, sondern ein recht wackerer Anthropolog in der weitesten Bedeutung, aber in humoristischer Manier; ich entlasse ihn endlich der väterlichen Aufsicht, wenn ich es anders noch über mein Vaterherz gewinnen kann.« So zumindest wollte Weber selbst die »hinterlassene[n] Papiere eines lachenden Philosophen« verstanden wissen.[3]

---

[3] So wird er selbst »aus einem vertraulichen Briefe« in dem biografischen Abriss zitiert, welcher 1834 der Gesamtausgabe vorangestellt wurde. Anonymus: Carl Julius Weber, geschildert nach seinem Leben, eigenthümlichen Wesen und schriftstellerischen Wirken. In: Carl Julius Weber: Das Papstthum und die Päpste. Erster Theil (= Carl Julius Weber's sämmtliche Werke. 1. Bd.), Stuttgart 1834, S. I-LXXII, hier:

CARL JULIUS WEBER
Verfasser des „Democritos" der „Briefe eines in
Deutschland reisenden Deutschen" etc.
geboren am 10. April 1767 — gestorben am 20. Juli 1832

Hofrat Carl Julius Weber, zeitgenössischer Stahlstich.

Dieser Beitrag möchte die Spuren sichten, die Webers Schaffen bis heute hinterlassen haben und die Rhythmen der Rezeption seiner Arbeiten zumindest andeutungsweise rekonstruieren. Gefragt wird bei dem Versuch einer Einordnung nach dem, was geblieben ist. Wie ist Weber heute einzuschätzen? Die Befunde hierzu fallen denkbar uneins aus. Im stolzen Brustton hohenlohischen Selbstbewusstseins reklamierte vor einem halben Jahrhundert Rudolf Schlauch für seinen Landsmann noch uneingeschränkte »Weltgeltung«.[4] Er suchte ihn zu erläutern aus der historischen und kulturellen Landschaft Hohenlohes und verortete ihn als »gestandenen Literaten im Grenzgebiet zwischen frän-

S. LXVIII. Das Portrait bezieht Autorität und Anschaulichkeit durch die Nähe des Verfassers zum Portraitierten; der Autor offenbart sich als »Vertrauter seines Lebens, Charakters und gelehrten Wirkens« (Ebda., S. IV). Martin Blümcke, von dem die nach wie vor umfänglichste und substanziellste Darstellung von Leben und Werk stammt, benannte mit guten Argumenten den Bruder Heinrich Benedikt Weber, Jurist, Schriftsteller und Präsident des Tübinger Staatsgerichtshofs, als Autor. Dies erscheint plausibel, da mehrfach aus privaten Briefen aus dem familiären Umfeld zitiert wird. Vgl. Martin Blümcke: Karl Julius Weber, der Demokrit aus Hohenlohe (1767-1832), Marbach 1996, S. 3f. Dieser Darstellung verdanke ich viele Hinweise und Verständnishilfen. Bereits 1833 war in ähnlichem Duktus ein etwas kürzeres Portrait vorausgegangen; vgl. Anonymus: Karl Julius Weber. In: Friedrich Christian August Hasse (Hg.): Zeitgenossen. Ein biographisches Magazin für die Geschichte unserer Zeit. 3. Reihe, Bd. 5 (1833), S. 141-160. Die hier vorgetragenen Zeichnungen von Leben und Werk Webers sollten alle späteren Darstellungen nachhaltig prägen. Hierauf basierte wesentlich auch Max Mendheim: Weber, Karl Julius. In: Allgemeine Deutsche Biographie 41 (1896), S. 334-339.

[4] Rudolf Schlauch: Lebensbild des Karl Julius Weber. In: Ders.: Hohenlohe – Franken. Landschaft, Geschichte, Kultur, Kunst, Nürnberg 1964, S. 207-215, hier: S. 213.

kischer Drolerie und schwäbischer Handfestigkeit«.[5] Damals, Mitte der 1960er-Jahre, erschien er immerhin noch würdig, mit seinem »Demokritos« Aufnahme in die erste Auflage des »Kindler Literatur Lexikon« zu finden. Virtuosität in der Kunst gelehriger und geistreicher Unterhaltung wurde mit einer freundlichen Geste der Sympathie konzediert, um ihn freilich schon im nächsten Satz mit dem Ruch hoffnungsloser Gestrigkeit zu belegen, »und doch ist alles rettungslos der Vergangenheit, wenn nicht gar völliger Unlesbarkeit anheimgefallen.«[6] Mittlerweile ist es deutlich ruhiger geworden um den nimmermüden Spötter und Stichwortgeber menschlicher Befindlichkeiten, wiewohl die Nachwelt noch immer uneins scheint, was seinen bleibenden Rang im literaturhistorischen Gedächtnis anbelangt. Die unaufhaltsame Verbannung aus dem Kanon relevanter Literaturbestände dokumentieren Auftritt und Abgang Webers im »Kindler«, der eben jene Autorität der Kanonisierung in Anspruch nimmt und damit eine Deutungshoheit, welchen Lektüren anhaltende kulturelle Resonanzfähigkeit eingeräumt wird. In der zweiten, umgearbeiteten Auflage (1988-1992), die auch eine entschiedene Revision des Kanons betrieb, wurde er ausgeschieden, um auch aus der

---

[5] Rudolf Schlauch: Karl Julius Weber. In: Wolfgang Buhl (Hg.): Fränkische Klassiker. Eine Literaturgeschichte in Einzeldarstellungen mit 255 Abbildungen, Nürnberg 1971, S. 452-459, hier: S. 452.

[6] H.L. (= Harald Landry): Demokritos. Oder hinterlassene Papiere eines lachenden Philosophen. In: Kindlers Literatur Lexikon. Bd. II, Zürich 1965, S. 874-875, hier: S. 874.

dritten Edition im laufenden Millennium verbannt zu bleiben.

Demgegenüber ist eine entschiedene Einschätzung, wie sie sich in »Killys Literaturlexikon« findet, äußerst wohltuend. Immerhin: Ulfert Ricklefs attestiert ihm »bleibende Bedeutung«, die vor allem in zwei Hauptwerken gründe. Mit dem Bericht seiner Deutschland-Tour, so Ricklefs, »schuf er das nach Nicolai vielseitigste u. geistreichste Reisebuch, ein kultur- und sittengeschichtl. Zeitbild, unterhaltsam bei stupender Fülle des Wissenswerten u. Beobachteten.«[7] Hinzu komme der »Demokritos«, für Ricklefs »ein Kompendium der Weltweisheit: des lachenden, satirischen, politischen, von anthropolog. Neugier getriebenen u. positiv die Fülle der Erscheinungen registrierenden, diesseitsverhafteten ›Philosophen‹. Die Philosophie des Nebeneinander u. der Pointe, das Anekdotische u. Feuilletonistische, die enzyklopäd. Phänomenologie des Tatsächlichen im humoristischen Rahmen der Narrensatire umgreifen in themat. Einzelkapiteln Welt u. Anthropologie.«[8]

Das wäre also schon ein vorläufiger Befund einer ersten eiligen Spurensuche im literaturhistorischen Gedächtnis: Die Zeit geht unaufhaltsam über Webers Erbe hinweg. Wir haben es mit einem allmählichen Schwund seiner öffentlichen Präsenz und Wirkung zu

---

[7] Ulfert Ricklefs: Weber, Karl Julius. In: Killy Literaturlexikon. Autoren und Werke des deutschsprachigen Kulturraumes. 2., vollständig überarbeitete Auflage. Hrsg. von Wilhelm Kühlmann. Bd. 12, Berlin 2011, S. 170-171, hier: S. 170.

[8] Ebda., S. 171.

tun. Denkbar unentschieden changieren die Urteile zwischen Anerkennung und ungnädigem Tadel, zwischen dem Attest ungebrochener Aktualität und dem harschen Verdikt der Obsoleszenz. Warum ist das so? Warum fordert Weber solch denkbar konträre Stellungnahmen und Bewertungen heraus? Dies war im Übrigen schon zu Lebzeiten so. Zweifelsohne: Wegen der Parteilichkeit seiner kulturhistorischen Arbeiten, mit denen er die Säkularisierung aller Lebensbereiche voranzutreiben gedachte, mit dem geistreich kommentierenden Vortrag seiner Reiseskizzen und vor allem aufgrund der überbordend-ungeordneten Fülle an Menschen- und Weltweisheiten seines »Demokritos« entzog er sich weitgehend den konventionellen Kriterien zur verbindlichen Einordnung in den literarischen und wissenschaftlichen Kosmos seiner Zeit. Auch nachdem er bald nach seinem Tode zu einem der Long- und Bestseller-Autoren des liberalen Bürgertums avancierte, blieb die Kritik unentschieden, häufig genug bis zur Vernichtung streng. »Es ist ungeheuer, was der Mann las und fraß, nämlich Bücher«, würdigte zwar anno 1837 eine Rezension des »Demokritos«, um dann eilends hinterher zu schicken: »seine theoretischen Ansichten sind nicht viel nütze. [...] Denn aus seinem offenen Munde springen ihm die Zoten handvoll heraus, sein Humor ist ein Erbrechungsfest.«[9]

---

[9] Rezension zum Demokritos in »Blätter für literarische Unterhaltung«, Nr. 4, 4.1.1837.

In jedem Fall also: Geschmeidiger Einordnung entzog und entzieht er sich. Kaum eine Sympathieerklärung der Kritik wurde zu Lebzeiten wie nach seinem Tode nicht um relativierende Rügen oder Rüffel ergänzt. Solches widerfährt gemeinhin nicht denjenigen Geistern, die gefällig aus der Mitte der Gesellschaft sprechen und Konventionen stützen. Es sind in der Regel die Außenseiter, die Grenz- und Einzelgänger, die derlei Maßregelung und Polarisierung provozieren. Tatsächlich wurde Karl Julius Weber gerne als »Sonderling«[10] und »Unikum« portraitiert.[11] Sein Leben und das, was er von seinem Denken in schriftlicher Form hinterlassen hat, entziehen sich gängigen Bahnen, Systemen und Ordnungen. In der Dissertation Ernst Ludwigs über »Die ästhetischen Anschauungen in Webers ›Demokrit‹« firmierte er epochal als »Grenzerscheinung«, der sich »auf der Grenze der Anschauungen zweier Jahrhunderte hält«.[12] Man klassifizierte ihn mitunter als »philosophischen Außenseiter«.[13] Andere sehen ihn aus der Zeit gefallen »als isolierte, anachronist. Gestalt quer zur Restaurationsepoche.«[14] Er selbst definierte sich gleichfalls als eine Gestalt des Übergangs und präsentierte sich als der »besonnene

---

[10] Schlauch, Lebensbild (wie Anm. 4), S. 207.

[11] Schlauch, Karl Julius Weber (wie Anm. 5), S. 452.

[12] Ernst Ludwig: Die ästhetischen Anschauungen in Webers »Demokrit«. Ein Beitrag zur Geschichte der Theorie des Lächerlichen, Gießen 1927, S. 114.

[13] Bernd Gräfrath: Ketzer, Dilettanten und Genies. Grenzgänger der Philosophie, Hamburg 1993, S. 67.

[14] Ricklefs (wie Anm. 7), S. 170.

Mann, der in der Mitte zwischen der alten und neuen Zeit lebt, d. h. Deutschland kennt, wie es vor der Revolution war, und jetzt ist [...].«[15]

In der Frage nach Ursache oder Folge mag es sich wie im Falle von Henne und Ei verhalten, indes: Webers Originalität ist zweifelsohne mit seiner isolierten gesellschaftlichen Position, mit der unentschiedenen Zugehörigkeit zwischen Literatur und Wissenschaft sowie seinem Status als Epigone der Aufklärung verknüpft. Außenseiter können geflissentlich übergangen und überhört werden, um alsbald wieder in Vergessenheit zu geraten. So verhielt es sich im Falle Webers allerdings nicht. Im Gegenteil, er offerierte Reibungsflächen, forderte heraus und blieb auch lange nach seinem Tode ein stichelnder Unruhegeist. Wenn er denn wie ein Zeugenberg der Aufklärung in die Epoche der Romantik ragte, Vormärz und Biedermeier als Sonderling begleitete, wie ist dann die durchaus beachtliche Wirkungsgeschichte seiner Arbeiten zu erläutern? Seine selbstgewählte Einsamkeit und seine Position als sozialer Außenseiter stehen jedenfalls krass in Kontrast zur enormen Resonanz, die sein Denken durch die Rezeption seiner schriftstellerischen Arbeiten erfuhr: Zu Lebzeiten zweifelsohne ein Solitär, grenzte er sich markant ab von gängigen Normen und

---

[15] Carl Julius Weber: Deutschland oder Briefe eines in Deutschland reisenden Deutschen. 1. Bd. Zweite, vermehrte und verbesserte, Auflage (= Carl Julius Weber's sämmtliche Werke. 4. Bd.), Stuttgart 1834, S. XXIX.

Regeln – das betrifft seine Lebensführung genauso wie sein intellektuelles Dasein. Er fiel aus der Zeit und traf gleichzeitig doch den Nerv des Denkens und Empfindens weiter bürgerlicher liberaler Kreise. Wie verhalten sich dieses Außenseitertum und seine soziale Isolation zu der enormen kulturellen Resonanzfähigkeit seiner meist posthum erschienenen Schriften? Was prädestinierte ihn dazu, gleichzeitig ein Unverstandener und Vielgelesener zu sein – als Erfolgsautor präsent in den Köpfen des liberalen Bürgertums, nicht unmaßgeblicher Stichwortgeber mit gewichtiger geistiger Orientierungsfunktion weit über seinen Tod hinaus? Als Fremdling also erscheint er, der aber durchaus ein verlässliches Sensorium für die Fragen der Zeit besaß. Widersprüche über Widersprüche charakterisieren Leben, Werk und Wirkungsgeschichte; womöglich sind dies nur vordergründige Unentschiedenheiten. Die Welt zog ihn an und stieß ihn ab. Er zog sich zurück und mischte sich ein, menschenscheu geworden und zugleich voll Neugier auf alles Menschlich-Allzumenschliche. Der Drang, die Fülle von Lebensmöglichkeiten zu erfahren, ließ ihn zunächst zum »Weltling« und »Weltlingsgeist« werden.[16] Es folgte die Einsamkeit der zweiten Lebenshälfte, in der er innerlich nicht minder teilhabend eifrig die Verhältnisse kommentierte – nun freilich zurückgezogen und ummantelt von seiner Ironie, die wie ein Filter oder Schutzschild

---

[16] Anonymus: Carl Julius Weber (wie Anm. 3), S. XXII.

die Menschen und ihre Wirklichkeit erträglich machten, aber auch Möglichkeiten eröffneten, die Sicht zu schärfen und die Dinge kenntlich zu machen.

Den Schlüssel zum Verständnis all dieser nur scheinbaren Widersprüche lieferte der Bruder in seiner biografischen Skizze, in der er prägnant die Merkmale einer radikalen Individualisierung als markanten Wesenszug Karl Julius Webers herausarbeitete. Dieser »war ein Mann von sehr eigenthümlichem Geiste und Charakter; in einer Zeit, wo es nur wenig scharfe Individualitäten mehr gibt, ein nach Außen und Innen durchgebildetes Individuum, von stark markirter Art, als Mensch und insbesondere als Schriftsteller; ein Mann voll Verstand, Phantasie, Witz und Gelehrsamkeit, von Weltblick, von Einfachheit und Festigkeit, aber auch Schroffheit des Charakters.«[17] Er widerstand dem Zwang zur Ein- und Anpassung in die Normen bürgerlicher Lebensführung, um gleichzeitig selten radikal und konsequent das bürgerliche Ideal der Einzigkeit zu leben. Das machte ihn gleichzeitig anziehend wie suspekt, populär und einsam. Nochmals der Bruder: »Er war in geistiger Hinsicht originell und universell zugleich. Geister seiner Art und Bildung haben vor andern voraus, daß in ihnen das Allgemeine eigenthümlich, das Universelle individuell auftritt; während gewöhnliche Individualitäten oft bloße Indiosynkrasien sind, stehen solche ungemeine Persönlichkeiten in

---

17 Anonymus: Carl Julius Weber (wie Anm. 3), S. III.

lebendiger Universalität da, die freilich vom großen Haufen kleiner Geister meistens mißkannt wird. Sie stehen als Original- und Kraftmenschen zu hoch und schroff da, stehen eben deßhalb ziemlich isolirt in der Menschenwelt, stoßen Viele von sich ab, und werden von Vielen abgestoßen.«[18]

II. Leben und Werk

Erst durch die Auswanderung aus der sozialen Welt und die Wiederbeheimatung in der schützenden Einsamkeit Hohenlohes waren die Voraussetzungen geschaffen, dass Karl Julius Weber ein eigenes literarisches Werk hervorbringen und sich mit seinen Schriften an die Adresse einer lesenden Öffentlichkeit wenden konnte und wollte. Geschunden vom zehrenden Zerwürfnis mit dem jungen, als Zögling zur Kavalierstour anvertrauten Erbgrafen von Isenburg-Büdingen, den er »den größten Selbstler, der mir je vorgekommen war« titulierte,[19] und aufgerieben vom unaufhörlichem Hader mit seinen Dienstgebern, verließ er diese im April 1804 und mit Büdingen in der Wetterau das »armseligste Aristokratenloch« mit all seiner »Krähwinkelvirtuosität«.[20] Zuflucht fand er nach der Lebenskrise im Haushalt der Schwester in Jagsthausen: »Hier verfiel

---

18 Anonymus: Carl Julius Weber (wie Anm. 3), S. XLVI.
19 Weber, Fragment (wie Anm. 2), S. 13.
20 Ebda., S. 40 u. S. 25.

ich in eine förmliche Gemüthskrankheit, von der ich die Vorboten schon bemerkt hatte, die drei bis vier Monate dauerte. Die Zeit heilt Alles.«[21] Im Laufe der nächsten Monate erfuhr er nach aufwühlender Erkrankung Linderung, allmähliche Genesung. Dazu mochte die Ruhe des kleinstädtisch-ländlichen Lebens beitragen, nicht unmaßgeblich aber halfen die Reisen, von denen er fortan mindestens jährlich welche mit nahen und fernen Zielen unternehmen sollte (1805 Wien, 1806 Paris, später Schlesien, die Rheinlande, Tirol...).

Sein brüderlicher Biograf wähnte ihn in seiner zweiten Lebensperiode wenn nicht glücklich, so zumindest mit sich weitgehend im Reinen: »Doch lebte er während dieser 28jährigen Zurückgezogenheit von öffentlichen Aemtern im Ganzen ein ziemlich zufriedenes und angenehmes Leben, ungestört von Geschäfts- und Weltplackereien, mit voller Liebe den Wissenschaften hingegeben, im Umgange mit wenigen Freunden und Bekannten, größthentheils einsiedlerisch, einförmig und überaus einfach in Lebensweise, Sitte und Kleidung. Im Contraste mit manchen seiner frühern und neuern Umgebungen beschränkte er sich auf wenige Bedürfnisse, und war nur luxuriös in Anschaffung von Büchern.«[22] Mitunter meldete sich auch jetzt noch die alte Bitterkeit zurück, »[...] er hatte wohl auch Zeiten,

[21] Carl Julius Weber: Kurze Selbstbiographie. Umfaßt hauptsächlich die Jahre 1792 bis 1802. In: Democritos. 12. Bd. (= Carl Julius Weber's sämmtliche Werke. 27. Bd.), Stuttgart 1841, S. IX-XVIII, hier: S. XVII.
[22] Anonymus: Carl Julius Weber (wie Anm. 3), S. XXXIIIf.

wo er, auf frühere Verhältnisse, Projekte und Aussichten zurückblickend, von einer ambition rentrée geplagt war, sich selbst mit Bitterkeit einen Dorf-Nemo nannte, das Gefühl einer verfehlten Lebensbahn und des Mangels eines eigenen Herds vorwalten ließ.«[23] Mehr denn je fand der Bücherfreund nun Glück zwischen den 11.000 Bänden seiner Bibliothek und suchte freundschaftliche Zwiesprache mit seinen seit der Jugendzeit gesammelten Druckwerken – sein »einziger Schatz«, wie er die anregenden Begleiter liebevoll benannte, und die »besten Freunde der Einsamkeit, die besten Tröster und die besten Beschützer gegen Gleichgültigkeit des Lebens und Verachtung seines Geschlechts.«[24] Nur bei illustrer Gesellschaft mit den Druckerzeugnissen anderer Geister blieb es unterdessen nicht. Weber mutierte alsbald vom reinen »Bücherwurm« zum Bücherschreiber und fand Erfüllung in schriftstellernder Tätigkeit.

Der Bruder schildert diese Hinwendung zum Schreiben – zunächst nur für die eigene Schublade, seit der Veröffentlichung der »Möncherey« 1819 auch für ein öffentliches Publikum – sehr plausibel und erklärt seine literarischen Aktivitäten »aus seiner vieljährigen, freien und zurückgezogenen Lage, so wie aus seinen vielen Reisen und vielseitigen Studien. Er mußte schreiben, um nicht immer blos zu lesen; er

---

23 Ebda., S. 35.
24 Carl Julius Weber: Democritos oder hinterlassene Papiere eines lachenden Philosophen. 5 Bd. (= Carl Julius Weber's sämmtliche Werke. 20. Band), Stuttgart 1838, S. 418f.

mußte von dem reichen Vorrathe seines Geistes einen Theil zu Papier bringen, um sich selbst zu genügen; er mußte sein einförmiges und ziemlich einsames Leben durch planmäßige literarische Thätigkeit würdig erfüllen und erheitern.«[25] Da war also nichts vom Kalkül des gewerbsmäßigen Schriftstellers, sondern zuallererst die Unabhängigkeit eines freien Geistes, der sich aus purer Lust am Spiel mit Worten und an intellektueller Reibung aufs Schreiben verlegte. Die äußere Ruhe seines nunmehrigen Lebens forderte innere Belebung heraus, »[…] so gewöhnte ich mich an Einschränkung, Einsamkeit und reines literarisches Leben – und verfiel sogar auf Schriftstellerei, woran ich nie gedacht hätte, als höchstens im hohen Alter, wenn ich mich zur Ruhe setzen würde, Denkwürdigkeiten meines Lebens zu schreiben.«[26]

In äußerer Ruhe und innerer Lebhaftigkeit ließ sich die Welt weit besser aushalten als zuvor. Webers Krisen waren die Wendepunkte in seinem Leben gewesen. Die erste, nach dem Scheitern seines akademischen Lebensentwurfs in Göttingen, leitete ihn zur Öffnung für die Welt, die zweite führte zum Rückzug – aber eben nur zu einem äußeren. Er fand nun zu einem anderen Modus von Weltteilhabe – schreibend. Kaum eine der geläufigen Abhandlungen über Karl Julius Weber versäumt den Hinweis, dass im Falle des »lachenden

---

25 Anonymus: Carl Julius Weber (wie Anm. 3), S. XLI.
26 Weber, Fragment (wie Anm. 2), S. 45.

Philosophen« Leben und Werk nicht getrennt, sondern nur in ihrer wechselseitigen Bedingtheit verstanden werden könnten. Karl Martin Schiller, der 1927 die letzte, neu sortierte Gesamtausgabe des »Demokritos« nach dem Ersten Weltkrieg besorgte, diagnostizierte nur vordergründig gegeneinander arbeitende seelische Kräfte als maßgebliche Einflussgrößen, die gleichermaßen Lebensgang wie Werk geprägt hätten. Die »wahre Heiterkeit« erwachse erst »auf dem Grunde tiefsten Lebensernstes«, so Schiller, genauso, wie »die Hypochondrie […] die Milchschwester der Schalkheit« sei. Man möge sich den aus seinen Schriften sprechenden Weber zwar als »einen behaglich und sorgenfrei lebenden plauderfreudigen Herrn« vorstellen, und »doch ist er in Wirklichkeit ein grillenhafter Einsiedler gewesen – geworden. Der Weg dahin, der durch ein Inferno von geradezu Strindbergischer Dämonie ging, bedeutet aber zugleich den Weg zu seinem Werk: und deswegen muß, wenn das Werk Webers recht verstanden sein will, sein Leben, vor allem nach seinem inneren Gang, betrachtet werden – wie andererseits das Werk wieder manchen ergänzenden Aufschluß über sein Leben bieten wird, bis beide am Ende zu dem Bild einer in jeder Hinsicht merkwürdigen Persönlichkeit zusammenfließen werden.«[27]

27 Karl Martin Schiller: Karl Julius Weber, Leben und Werk. In: Karl Julius Weber: Demokritos oder Hinterlassene Papiere eines lachenden Philosophen. In neuer Anordnung herausgegeben von Dr. Karl Martin Schiller. Bd. 1, Leipzig 1927, S. 7-25, hier: S. 7.

Ebenfalls 1927 verwies Ernst Ludwig auf die biografischen Wendepunkte in Webers Lebensverhältnissen, die ihn erst zum Schreiben veranlassten und insbesondere den »Demokritos« zum »Memoranden- und Tagebuch seines innern Lebens« werden ließen, wie der Bruder die monumentale Essaysammlung verstanden wissen wollte.[28] Erst seine beiden Lebenskrisen, so wiederum Ludwig, hätten den Geist des »Demokritos« ermöglicht. Die Erschütterungen durch das Scheitern seiner Lebenspläne und die schmerzlichen Kränkungen seines Ehr- und Rechtsgefühls hätten ihn veranlasst, die Fliehkräfte von »Herz« und »Kopf« auszubalancieren, um den Stoff des »Demokritos« zu bewältigen.[29] Tatsächlich hatte er ja auch selbst die Impulse zum »Demokritos« in dieser Wendephase seines Lebens verankert: »In dem merkwürdigsten Jahre meines Lebens entstand die Idee zu diesem Buche«, nachdem ihn der »Dämon der Hypochondrie« befallen habe.[30] Erst in diesem Zustand also ließen sich die bis dahin unversöhnlichen Neigungen zwischen Autonomie und Zugehörigkeit, Weltöffnung und Einsamkeit, Vernunft und Gefühl in umtriebiger intellektueller und literarischer Produktivität auflösen.

So stehen die beiden Lebenshälften reich an Kontrasten nebeneinander, erscheinen fast als Gegenentwürfe, wiewohl doch letztere als Konsequenz aus ersterer

---

28 Anonymus: Carl Julius Weber (wie Anm. 3), S. LXVIIf.
29 Ludwig (wie Anm. 12), S. 7-12.
30 Weber, Fragment (wie Anm. 2), S. 5.

resultieren musste. Rückblende: Die Bewegungen in Webers Lebensgang überwanden zunächst die kleinen Horizonte Langenburgs und tendierten früh zur Weltöffnung. Schon in Jugendtagen genügten die Offerten der gängigen Schulbildung auf dem Öhringer Gymnasium kaum. Selbsttätigkeit und Selbstbildung bewegten ihn beständig dazu, die durch die Verhältnisse auferlegten Beschränkungen zu erweitern. Dieser Antrieb sollte ihm zeitlebens erhalten bleiben und dieses Credo selbsttätigen Denkens und Bildens hat bis heute nichts von seiner Aktualität verloren, sodass Weber mitunter auch heute wider Spezialisierungs- und Ökonomisierungstendenzen in Bildung und Wissenschaft als Gewährsmann aufgerufen wird, wie etwa von Jürgen Mittelstraß in seinem Plädoyer »Wissenschaft als Kultur«: »Der Württemberger Altliberale Carl Julius Weber: ›Wir müssen uns selbst erziehen, wenn wir nicht verprinzen, veradeln, verwuchern sollen, verpastoren, verjuristen, verarzten, veramtmännern, verbauern.‹«[31]

Weber selbst imprägnierte sich bestens gegen die Tücken etwaiger Formalisierung und Vereinseitigung. Das musste er wohl notgedrungen, denn der Vater setzte als Erziehungsinstrument vor allem auf den Rohrstock, die Mutter schon mehr auf Güte und Bildung. In jedem

[31] Jürgen Mittelstraß: Der Flug der Eule. Von der Vernunft der Wissenschaft und der Aufgabe der Philosophie, Frankfurt a.M. 1989, S. 29. Zitiert aus Carl Julius Weber: Democritos oder hinterlassene Papiere eines lachenden Philosophen. 3. Bd. (Sämmtliche Werke, 18. Bd.), Stuttgart 1838, S. 196.

Fall erschöpfte sich der Wissensdrang des Schülers nicht in Angeboten der gängigen Schulbildung; diese ergänzte er in jede Richtung durch eigene Privatstudien, interessierte sich für die Rechenkunst genauso wie für Zeichnen und Malerei, sammelte Landkarten und legte schon früh den Grundstock zu seiner Bibliothek. Die unersättliche Offenheit setzte sich fort während des Studiums, das ihn nach Erlangen führte, wie es die geistige Topografie der alten fränkischen Welt diktierte. Nach dem Studium der Jurisprudenz kehrte er nach Langenburg zurück. »Man wunderte sich darüber, denn man glaubte schon, ich würde Professor zu Erlangen werden«, erinnerte er sich später in seiner »Selbstbiographie«.[32] Zurück in seiner Geburtsheimat, realisierte er, dass ein Justizamt in der kleinen Residenz nicht die Erfüllung seiner Lebenspläne versprechen konnte. 1790 zog es ihn nach Göttingen, in das geistige Umfeld seines Landsmanns August Ludwig von Schlözer. »Ich studirte unmäßig, und lebte dabei erbärmlich, denn ich wollte meiner Mutter, die mich nicht hatte fortlassen wollen, keine Kosten mehr machen, und wurde krank.«[33] Die Hoffnungen, an der Universität Fuß fassen zu können, scheiterten. Schließlich hörte er auf den Rat Schlözers, eine Hofmeisterstelle beim Bankier Delessert am Genfer See anzunehmen. Diese war bald mehr als nur Ersatz, schenkte ihm geselligen Umgang

---

32 Weber, Kurze Selbstbiographie (wie Anm. 21), S. XI.
33 Ebda.

und Weltläufigkeit und ermöglichten ihm Eintritt in die Denkräume der französischen Aufklärung. »An den göttlichen Ufern des Genfersees glaube ich die weise Mitte zwischen französischer Flüchtigkeit und deutschem Schwersinn gefunden zu haben, und auf der Grenze schwebt jener württembergische Kandidat, der, abgewiesen von der Promotion, sich damit tröstete, daß auch keiner der zwölf Apostel – Magister gewesen wäre.«[34] Anfängliches Liebäugeln mit dem Feuer der Französischen Revolution wich alsbald ernüchternder Distanz nach dem »bekannten Laternen- und Guillotinen-Gang«.[35]

1792 trat er in den Dienst der Grafen von Erbach. Auch hier schlossen sich glückliche Jahre an bei einem Dienstherrn, der ihn verstand und ihm auf freundschaftlicher Augenhöhe gegenübertrat. Weber hatte Freiräume für ausgiebige Reisen, auch für ebensolche Studien in der Deutsch-Ordens-Bibliothek zu Mergentheim. Höhepunkt dieses Lebensabschnitts sollte freilich die Teilnahme am Rastatter Kongress 1797 bis 1799 werden. Hier, so sein brüderlicher Biograf, schulte Weber die Beobachtung der unterschiedlichen diplomatischen Kulturen Frankreichs und »den schwerfälligen Verhandlungsformen des deutschen Reichskörpers«.[36] Überhaupt fielen die »Congreß-

34 Carl Julius Weber: Democritos oder hinterlassene Papiere eines lachenden Philosophen. 1. Bd. (= Carl Julius Weber's sämmtliche Werke. Zweite wohlfeile Original-Ausgabe. 1. Bd.), Stuttgart 1848, S. 100.
35 Weber, Kurze Selbstbiographie (wie Anm. 21), S. XIII.
36 Anonymus: Carl Julius Weber (wie Anm. 3), S. XXI.

früchte« üppig aus – die »Bereicherung seiner Welt- und Menschenkenntniß, die mancherlei geselligen Freuden«, ebenso wie »die bedeutende Vermehrung seiner Büchersammlung, besonders an französischen und englischen Werken, endlich die Ersparung eines kleinen Kapitals, da er neben seiner Besoldung in diesen zwei Jahren auch gute Diäten bezogen hatte.«[37] Allerdings sah der Bruder durchaus auch Kehrseiten. Das Kongressleben »machte ihn nicht blos zum Weltmann, sondern in gewisser Art auch zum Weltling; er nahm zuviel von französischer Frivolität in Grundsätzen und Sitten, besonders gegenüber dem schönen Geschlecht an; er bekam zuviel Ansprüche an's Leben, zuviel Hang zu einem freien und großen Weltleben, so daß er sich nachher in kleinere Geschäfts- und Lebensverhältnisses wenig mehr finden konnte.«[38]

Dies war dann tatsächlich der Fall, als er nach dem Tod seines Dienstherrn zurück in die Provinz zu dessen Bruder und Nachfolger nach König im Odenwald katapultiert wurde. »Hier verlebte ich drei Jahre, wie ich sie Niemand wünschte [...]. Ich hatte bisher in der Welt gelebt, hier wohnte ich auf dem Dorfe; meine Geschäfte hatten mir bisher Zeit gelassen, meinen gelehrten Liebhabereien nachzuhängen, ohne den Beruf zu vernachläßigen, hier hatte ich keine Zeit, um Zeitungen oder Journale zu lesen.«[39] Neue Öffnung zur

---

37 Ebda., S. XXII.
38 Ebda.
39 Weber, Kurze Selbstbiographie (wie Anm. 21), S. XV.

Welt versprach nun 1802 die Begleitung der Reise des Grafen von Isenburg-Büdingen auf dessen Kavaliers-tour. Dieser hatte um die junge Gräfin von Erbach gefreit. Allerdings war ihm eine zweijährige Reise auf-erlegt worden, um sich in der Erfahrung von Welt zu bilden und die Umgangsformen zu polieren. Von An-fang an jedoch lagen Weber und sein widerspenstiger Zögling im Clinch. Dieser präsentierte sich rundum ungenießbar – unerwachsen, desinteressiert, launisch, pubertär. In Holland missfiel es ihm, die Überfahrt nach England verweigerte er, in Potsdam nahm er Hals über Kopf Reißaus. Nicht nur die adelige Tour endete im Zerwürfnis, auch die Beziehungen zu seinen eng-stirnigen Dienstherren, von denen er sich wider andere Verabredungen schließlich 1804 mit einer Abfindung abspeisen ließ.

Es folgten die besagten 28 Lebensjahre in der länd-lichen Einsamkeit Hohenlohes. Diese nun lediglich als Rückzug und Isolation zu beschreiben, hieße Webers Welthaltung auf eine nur äußere Ereignislosigkeit zu reduzieren. Neugier auf Menschen und Welt blieb und suchte sich reisend und lesend weiterhin Bahn. Als Abgeordneter des Oberamtes Künzelsau in der Zweiten Kammer des Stuttgarter Landtags von 1820 bis 1823 übte er noch einmal eine öffentliche politische Tätigkeit aus. Amtsträger und Amt wollten indes nicht so ganz zueinander finden, wie sein Biograf bilanzierte: »Allein, er gefiel sich wenig in dieser Stellung, und spielte dabei keineswegs die Rolle, die man nach seinen Talenten, seiner allgemeinen Bildung und seiner Charakterenergie erwarten konnte.«[40] Nur mit seinem Antrag auf Verbot des Büchernachdrucks und damit für den Schutz geistigen Eigentums trat er extrovertierter auf der parlamentarischen Bühne auf, die er ansonsten eher als stiller Beobachter verfolgte.[41]

Mit seinem parlamentarischen Engagement gegen den Büchernachdruck hatte er nicht nur ein allgemeines, sondern mittlerweile auch persönliches Interesse als Autor aufgegriffen. 1819/20 waren mit der »Möncherey« seine ersten kulturhistorischen Studien auf dem Buchmarkt erschienen. Er saß bald an weiteren historischen Arbeiten über die hinabdämmernden mittelalterlichen Mächte – das Ritterwesen und das Papsttum.[42] Seine Deutschland-Beschreibung (1826-1828) brachte ihm Renommee als Reiseschriftsteller. Daneben erschienen in den »Württembergischen Jahrbüchern« kleinere Anzeigen und Miniaturstudien. In »Der Viehhandel im Hohenlohischen, im Jahre 1823« beklagt er dessen Niedergang, insbesondere gen Frankreich, aber auch innerhalb der deutschen Lande

---

[40] Anonymus: Carl Julius Weber (wie Anm. 3), S. XXXIXf.

[41] Ausführlicher siehe Blümcke, (wie Anm. 3), S. 22-32.

[42] Carl Julius Weber: Die Möncherey oder geschichtliche Darstellung der Kloster-Welt. Drei Bände in vier Teilen, Stuttgart 1819/20; Ders.: Das Ritter-Wesen und die Templer, Johanniter und Marianer oder Deutsch-Ordens-Ritter insbesondere. 3 Bde., Stuttgart 1822-1824; Ders.: Das Papstthum und die Päpste. Ein Nachlaß des Verfassers der Möncherey. 3 Bde. (= Carl Julius Weber's sämmtliche Werke Bd. 1-3), Stuttgart 1834.

seit der Mediatisierung.[43] In »Der Honigmann von Büttelbronn« nennt er den einheimischen Bienenvater Michael Dinkel als Exempel, das geeignet sei, um die weitere Ausbreitung der Bienenzucht zu fördern. Er würdigt diese als eine der angenehmsten ländlichen Zerstreuungen und bekennt sich selbst als honigliebendes Leckermaul.[44] In »Die Reiherhalde von Morstein«, nach seinem Tode veröffentlicht, gilt sein Interesse dem lokalen Beispiel der Falkenjagd oder Reiherbeize, »eine merkwürdige Reliquie der ehemaligen Falkenjagd oder Reiherbeize, dieser halbrechenden alten Fürstenlust«.[45] Sie datiere »aus unvordenklichen Zeiten«, Urkunden seien verloren. Die Falkenjagd sei auch deshalb bemerkenswert, weil auch »Damen Vergnügen daran fanden«; die Falkenbesitzer liebkosten ihre Tiere »wie heut zu Tage galante Herren ihre Schooßhündchen, oder Katzen, Papageien und Canarienvögel.«[46] Da die »Nerven schwächer wurden und die Welt bequemer«, ging die Jagdsitte zusehends ab. Genutzt wurden die Reiher zum einen durch ihre »grünliche(n) Eier, die

---

43 Carl Julius Weber: Der Viehhandel im Hohenlohischen, im Jahre 1823. In: Württembergische Jahrbücher für vaterländische Geschichte, Geographie, Statistik und Topographie. Jahrgang 1823. Zweites Heft, Stuttgart 1823, S. 463-465.
44 Carl Julius Weber: Der Honigmann zu Büttelbronn. In: Württembergische Jahrbücher für vaterländische Geschichte, Geographie, Statistik und Topographie. Jahrgang 1825, Erstes Heft, Stuttgart 1826, S.189-196.
45 Carl Julius Weber: Die Reiherhalde von Morstein (Von dem verstorbenen Hofrath Weber). In: Württembergische Jahrbücher für vaterländische Geschichte, Geographie, Statistik und Topographie. Jahrgang 1833, Zweites Heft, Stuttgart 1834, S. 318-324, hier: S. 318.
46 Ebda., S. 319.

wie ihre Jungen ehemals für eine Delikatesse galten.«[47] Vor allem aber die Federn seien »den Federschmückern willkommen, das wichtigste aber und Gegenstande des Handels und des Luxus sind die Kopffedern des Männchens«.[48]

Den Druck des ersten Bandes seines »Demokritos« durfte er selbst noch erleben. Zwei Jahre nach seinem Tode begann die Herausgabe seiner »Sämmtlichen Werke« in 30 Bänden (1834-1844).

Wenn Ulfert Ricklefs dem Einzelgänger auch für unsere Gegenwart unumwunden »bleibende Bedeutung« attestierte, so sah er diese vornehmlich in den Reiseschriften und im »Demokritos« begründet. Die in seiner literarischen Biografie zunächst entstandenen kulturhistorischen Studien über die »Möncherey«, »Das Ritter-Wesen« und das aus dem Nachlass veröffentlichte »Papsttum« werden ausgenommen, erscheinen zu sehr Webers unmittelbarer Zeitgenossenschaft verpflichtet, um Geschichtsschreibung von dauerhaftem Orientierungswert zu werden. Ricklefs räumt ein: »Gegen den Strich gelesen sind diese Werke kulturgeschichtl. Kompendien von großem Reiz im Einzelnen.«[49] Weber agierte hier zwar einerseits durchaus als gebildeter und kundiger Historiker, vor allem aber eben als aufgekratzter Zeitgenosse der Mediatisierung, der aus dem Geist rigider Aufklärung harsche Reli-

---

47 Ebda, S. 320.
48 Ebda, S. 322.
49 Ricklefs (wie Anm. 7), S. 170.

gionskritik betreibt. Er schrieb, kommentierte, argumentierte und spottete als Augenzeuge einer Epoche, in der die alten Mächte endgültig erodierten und dem Untergang geweiht schienen, aber natürlich noch immer Wirkmächtigkeit entfalteten. Es ist der Gestus des engagierten Zeithistorikers, der sich leidenschaftlich an den Überlebseln und Relikten der alten Welt reibt, die in die neue Zeit hineinragen, um sie mit den Waffen galliger Spötterei zu bekämpfen. Mit lauthalsem Hohn kommentiert er den Machtverlust weltlicher und geistiger Autoritäten – der Perückenträger und des »Pfaffentums« gleich welcher Konfession und Glaubens. Auch Manuel Frey sah in seinem bemerkenswerten Aufsatz über »Konfessionelle Signaturen zwischen 1770 und 1830« hier mehr den Geist der Streitschrift als das Anliegen der historischen Abhandlung: »Webers Hauptabsicht war es, vor katholisch-restaurativen Tendenzen in Staat und Gesellschaft zu warnen.«[50] Es ist dies der Basso Continuo, der fast alle seine Arbeiten tragen sollte.

Fraglos heraus aus dem überbordenden Konvolut zeitgenössischer Reiseliteratur sticht seine »Deutschlandreise«, mit der er die eigene Passion fürs Unterwegssein in ein literarisches Werk von bleibendem Wert verwandelt hatte: »Reisen ist Leben, und Leben

---

50 Manuel Frey: Toleranz und Selektion. Konfessionelle Signaturen zwischen 1770 und 1830. In: Olaf Blaschke (Hg.): Konfessionen im Konflikt. Deutschland zwischen 1800 und 1970. Ein zweites konfessionelles Zeitalter, Göttingen 2002, S. 113-154, hier: S. 145f.

Reisen. Was ist das Leben anders als Bewegung?«, so stellte er programmatisch am Schluss des vierbändigen Werkes in den Briefen »Ueber das Reisen und Lob desselben« sein Bekenntnis voran.[51] Denn: »Reisen sind das wahre Bild unserer Pilgrimschaft hienieden, [...].«[52] Er verweist auf die bemerkenswerten Aktivitäten, die seit dem letzten Viertel des 18. Jahrhunderts eingesetzt hätten, und kommentiert wie immer spöttisch die Differenzierung der Reiseformen und den inflationären Aufstieg der Berichte und Beschreibungen zum eigenständigen literarischen Genre: Der Adel reise vordergründig aus Gründen der Erziehung, oft »aus bloßem Hang zu Zerstreuungen [...]. Erzieher und Philanthropen reisten mit ihren Zöglingen, Gelehrte machten Exkursionen, und ließen solche drucken, um wieder zu ihren Auslagen zu kommen; so bekamen wir Reisende auf – Subscription und Pränumeration! Reisebeschreibungen und Romane kämpften mit einander um den Vorrang in der Lesewelt, so, daß zuletzt Leser und Verleger – kopfscheu wurden.«[53] Natürlich lästert er wortreich über die literarischen Strategien der Reiseautoren und die Konjunkturen aller nur erdenklichen Darstellungsformen. Was verleitete ihn dann dazu, so wäre zu fragen, den ohnehin überquellenden Markt

---

51 Carl Julius Weber: Deutschland oder Briefe eines in Deutschland reisenden Deutschen. 4. Bd. Zweite, vermehrte und verbesserte Auflage. (= Carl Julius Weber's sämmtliche Werke. 7. Bd.), Stuttgart 1834, S. 806.
52 Ebda., S. 807.
53 Ebda., S. 812.

mit einem zusätzlichen Reisebericht zu ergänzen?[54] Webers Deutschland-Tour versteht sich unumwunden als patriotisches Bekenntnis. Er will in der »Einheit des deutschen Bundes« die »Vielköpfigkeit des Vaterlandes« sicht- und verstehbar machen.[55]

Für den wohlwollenden Bruder waren Rang und Qualität des Werkes fraglos hoch: »Es ist dieses wohl auch sein bestes, verdienstliches, belehrendstes, und allgemein interessantestes Werk; man darf es wohl, ohne Lobhudelei, ein Nationalwerk nennen, und viele einsichtige Beurtheiler desselben haben es auch dafür bereits anerkannt.«[56] Um diese Einschätzung zu teilen, muss man nicht die brüderlichen Sympathien teilen. Selbst ein passionierter Leser von Reiseliteratur, ist Webers Deutschlandreise das Ergebnis erlesener Bildung und eigener, erfahrungsgesättigter Anschauung, hatte er doch für sich selbst die Kunst des Reisens wohlfeil ausgebildet und reichlich praktiziert. Seine

---

54 Übersichten zur zeitgenössischen Reisepraxis und literarischen Darstellungsformen vgl. Wolfgang Griep und Hans-Wolf Jäger (Hg.): Reise und soziale Realität am Ende des 18. Jahrhunderts, Heidelberg 1983; Wolfgang Griep und Hans-Wolf Jäger (Hg.): Reisen im 18. Jahrhundert. Neue Untersuchungen, Heidelberg 1986; Peter J. Brenner (Hg.): Der Reisebericht. Die Entwicklung einer Gattung in der deutschen Literatur, Frankfurt a.M. 1989; Gert Sautermeister: Reiseliteratur als Ausdruck der Epoche. In: Hansers Sozialgeschichte der deutschen Literatur vom 16. Jahrhundert bis zur Gegenwart. Begründet von Rolf Grimminger. Bd. 5: Zwischen Restauration und Revolution 1815 – 1849, München 1998, S. 116-150; Michael Maurer (Hg.): Neue Impulse der Reiseforschung. Aufklärung und Europa. Beiträge zum 18. Jahrhundert, Berlin 1999.

55 Weber, Deutschland, 1. Bd. (wie Anm.15), S. XII u. S. VII.

56 Anonymus: Carl Julius Weber (wie Anm. 3), S. LXIIIf.

persönliche Reiselust war die konsequente Transformation des aufklärerischen Anspruchs auf Mündigkeit in physiologische Bewegung und eröffnete Wege zu unabhängiger Urteilskraft, besitze sie doch »in unserer Zeit doppelten Werth, da bei den vielen Büchern, ihren Widersprüchen, vorzüglich aber bei gepreßter Schreibfreiheit – nichts übrig bleibt, als – selbst zu sehen, und selbst zu lesen – im großen Buche der Welt!«[57] Dabei bewegt sich Weber beharrlich in den Fußstapfen der Aufklärung: Die Inventarisation der Wirklichkeit, die Mehrung des Wissens um Land und Leute, ist auch ihm Voraussetzung für die Verbesserung der Verhältnisse. Gemessen an formalen Kriterien entzieht sich das Werk allerdings verbindlicher Einordnung, um stattdessen allerlei in vier Bänden zu vereinigen: Es kann als praktisch handhabbares Reisebuch fungieren, unterlegt mit apodemischen Empfehlungen. In seinen Schilderungen informiert der Autor und unterhält gleichermaßen, inspiziert mit nüchternem Tatsachenblick und lässt seiner ungezügelten Einbildungskraft freien Lauf. Die Bände lesen sich wie geistreich-muntere Feuilletons und breiten einen unerschöpflichen Anekdotenschatz aus. Basis sind ihm die Erfahrungen eigener Reisen, die er im Vaterland unternommen hatte, vermengt mit fiktiven Routen, die er nur aus seinen Lektüren kannte. So komponiert er ein abwechslungsreiches Nebeneinander aus dichter Deskription und

57 Weber, Deutschland, 4. Bd. (wie Anm. 51), S. 829.

Bewertung, subjektiven Schilderungen und politischen Polemiken. In jedem Fall: Seine pointierten Urteile fußen zuverlässig auf kundigem Wissen und reflektierter Erfahrung.

Vor Reiseantritt schickt er Informationen voraus über »Deutschland im Allgemeinen«, wobei er naturräumliche Verhältnisse genauso bedenkt wie Kultur und Bildung, Religion und politische Verhältnisse, den »Charakter der Deutschen, ihre Eigenheiten, Sitten und Gebräuche« und »Süd- und Norddeutsche«. Sodann beginnt die Tour durch die Einzelstaaten und Herrschaftsgebiete des Deutschen Bundes in seiner engeren Heimat, dem Königreich Württemberg. Von da aus erkundet er die süddeutschen Lande, Österreich, nimmt die Route über die mitteldeutschen Staaten nach Norden, kehrt wieder südwärts bis ins Hessische, um schließlich an den Rhein zu gelangen und flussabwärts zu reisen. Die Rheinreise soll auch ihm Höhepunkt seiner Deutschlanderfahrung werden.[58] Er endet an der holländischen Grenze, wo er noch ein Loblied anstimmt auf Käse, Reinlichkeit, Toleranz und Solidität der Nachbarn.

Während unterdessen die Wasser des Rheins weiterfließen bis zur Nordsee, münden Webers Gedankenströme in allgemeinere Überlegungen »Ueber das Reisen und Lob desselben«. Was die angemessene Fort-

---

58 Vgl. hierzu ausführlicher Jörg-Ulrich Fechner: Erfundene und erfahrene Landschaft. Aurelio de'Giorgi Bertolas Deutschlandbild und die Begründung der Rheinromantik, Opladen 1974, S. 152-154.

bewegungsart betrifft, so bekennt er sich als Eklektiker, der die eigenen Bedürfnisse flexibel anpasst an die Herausforderungen der bereisten Räume und Landschaften. Er präferiert den aufrechten Gang aus eigener Kraft und dem freien Willen folgend und möchte aus guten Gründen »das Fußreisen ex professo empfehlen.«[59] Dies folgt zum einen dem Anspruch, den Reiseraum in angemessenem Tempo und mit angemessener Wahrnehmung zu erschließen.[60] Zum anderen erfüllt es das subjektive Bedürfnis nach Ich- und Weltgenuss: »Ich war ein tüchtiger Fußgänger – was mich noch heute freut, wenn ich auch gleich keine so stählerne Füße hatte, wie Seume, so reiste ich dafür weniger flüchtig, nicht so verschlossen und diogenisch.«[61] Wandern, ein Begriff, der ihm im modernen Sinne noch unvertraut sein musste, erschien als eine Art Rückgewinnung ursprünglicher Freiheit und Selbstbestimmung.[62] Wobei er denn doch eine Einschränkung einräumt und

---

59 Weber, Deutschland. 4. Bd. (wie Anm. 51), S. 842.

60 Zur Fußreise vgl. Wolfgang Kaschuba: Die Fußreise – Von der Arbeitswanderung zur bürgerlichen Bildungsbewegung. In: Hermann Bausinger, Klaus Beyrer u. Gottfried Korff (Hg.): Reisekultur. Von der Pilgerfahrt zum modernen Tourismus, München 1991, S. 165-173; Wolfgang Albrecht u. Hans-Joachim Kertscher (Hg.): Wanderzwang – Wanderlust. Formen der Raum- und Sozialerfahrung zwischen Aufklärung und Frühindustrialisierung (= Hallesche Beiträge zur Europäischen Aufklärung, Bd. 11), Tübingen 1999.

61 Weber, Deutschland, 4. Bd. (wie Anm. 51), S. 842.

62 Vgl. den Hinweis (1854): *erst die neuere Zeit kennt wandern als das frohe durchstreifen der natur, um körper und geist zu erfrischen, nachdem durch die romantik und die turnerei die wanderfreude entdeckt war, ist das wort in diesem sinne beliebt.* Hier zitiert nach Jacob und Wilhelm Grimm: Deutsches Wörterbuch. Bd. 13, Leipzig 1922, Sp. 1667.

durch Europa eine ästhetische Demarkationslinie zieht: »Wenn man durch einförmige Gegenden reist, wo es nichts zu sehen, sondern nur zu Gehen gibt, wird man weit eher müde, als in schönen Gegenden, daher man nur im Süden gehen, im Norden aber fahren sollte.«[63] Seine Priorisierung des Gehens folgt freilich konsequent dem spätaufklärerischen Postulat, sich nicht in der Extra-Post und damit im eigenen privilegierten Milieu abzuschotten, sondern barrierefreien Zugang und Nähe zu allen Facetten der sozialen Realität zu suchen: »Fußreisen erlauben auch dem minder Beglückten sich zu erwärmen am Anschauen der Natur, Kunst- und Menschenwelt, und dem Fußreisenden kommen arme einfache Menschen und das Volk weit offener entgegen, wie Brüder und Schwestern – er lernt weit mehr. Fußreisen beleben auch den Ideengang, der mir wenigstens stets lebhafter schien, als im Wagen, so lange nicht Ermüdung eintrat, und diese zu vermeiden ist das Beste, wenn man sich nicht mehr denn acht Stunden zumuthet, nicht weichlich ist, und einen gleichförmigen, weiten, aber nicht schnellen Tempo- oder Militärschritt führt, den ich noch heute führe, und – lachen lasse!«[64] Der Freigeist würdigt die »Ehre des Fußgehens« – es gleiche der »Gründlichkeit, das Fahren der Oberflächlichkeit. Zu Fuß bin ich in die Welt gekommen, zu Fuß viel herumgelaufen in dieser

---

63 Weber, Deutschland, 4. Bd. (wie Anm. 51), S. 845.
64 Ebda., S. 844.

schönen Welt, und gäbe viel darum, wenn ich sie auch wieder so verlassen, und zu Fuße nach einem andern Stern wandern könnte, ohne die bedenkliche Siesta im Grabe!«[65]

Das Erscheinungsbild des Wanderers, der sich nicht notgedrungen und zweckgerichtet, sondern um der Bewegung selbst willen im Raum bewegt, ist trotz der »Reise-Epidemie«[66] des 18. Jahrhunderts auch zu Webers Zeiten indes noch keine Selbstverständlichkeit geworden. Wer zu Fuß ging, mochte zwar nicht mehr unter Spionageverdacht gestellt werden, wie es etlichen der rüstigen Vorgänger erging. Aber die Freiwilligkeit des Gehens erschien mitunter noch immer suspekt und schürte zumindest den Verdacht auf niedere soziale Herkunft. Wer per pedes unterwegs war, musste es nötig haben. Er verweist auf England, wo man auf Karl Philipp Moritz als »the poor travelling Creature« gezeigt habe.[67] Und auch in Neapel sei es um den Leumund des aufrechten Ganges ebenso wie im deutschen Norden nicht eben bestens bestellt, dieser liefere dort gemeinhin ein untrügliches Indiz für Armut und geringen sozialen Stand.

»Es lebe die Kleinigkeit!« Mit diesem Postulat aus dem Notat »Die Bücher« ließ Weber alias »Wekhrlin junior« sein Idol Wilhelm Ludwig Wekhrlin bei der Herausgabe einiger seiner Schriften zu Wort kom-

---

65 Ebda., S. 845.
66 Ebda., S. 816.
67 Ebda., S. 845.

men. Diesen »Geist Wekhrlins« hat er sich auch als Reisender zu eigen gemacht.[68] Er verfügt als Beobachter über einen geschärften Sinn dafür, hinter dem Kleinen das Größere und hinter dem Konkreten das Allgemeine zu sehen. Solchermaßen justiert, vermisst er die kulturellen und politischen Topografien, macht historische Differenzen und lokale Eigenarten im bunten Vielerlei der deutschen Welt kenntlich. Sein durch die Aufklärung geschulter Blick verfängt sich an den »Merkwürdigkeiten«, die ihm als trigonometrische Punkte seiner Vermessung Deutschlands dienen. Ihm geht es um Gemeinsamkeiten und Differenzen gleichermaßen. Mal zieht er die Kartoffel als einigendes Band heran, das die Deutschen zu einer Speise- und Kulturgemeinschaft erhebe. Dann sieht er sie wieder als Symptom der Differenz. Er charakterisiert geografische Gegensätze zwischen Nord und Süd und verlängert diese ins Mentale und Kulturelle, um für den deutschen Süden Bilder der Heiterkeit und für den Norden Stereotype nicht nur erdoberflächlicher Plattheit zu zeichnen.[69] Die Deutschlandreise präsentiert sich als klug und lebendig arrangierte Komposition aus eigener Inaugenscheinnahme, sprudelndem Bücherwissen und verlässlichem Urteil. Hierdurch setzt sie sich fraglos ab vom Genre der gängigen Reiseliteratur, bei deren

---

[68] Wekhrlin junior (wie Anm.1), S. 141.
[69] Vgl. ausführlicher Hermann Bausinger: Wo, bitte, geht's bergab? Anmerkungen zum deutschen Kulturgefälle. In: Allmende, Heft 11, 1985, S. 91-99.

zeitgenössischer Produktion Phrase, Plagiat und Imitat zur allseits populären Praxis gehörten. Es sind die Tugenden des aufgeklärten Denkers, welche die hohe Autorität des Werkes ermöglichen: sehen, erkennen, vergleichen, wissen, urteilen, bewerten. Zur Dichte an Informationen und der unerschöpflichen Fülle an Wissenswertem kommen Anschaulichkeit und das Talent des unterhaltsamen Erzählers, der auch hier mit dem Zungenschlag des Humoristen beständig die Lage der Dinge relativiert.

Schließlich bleibt von Karl Julius Weber jenes Werk, mit dem er sich am nachhaltigsten in das Gedächtnis der Nachlebenden eingeschrieben hat – der »Demokritos oder hinterlassene Papiere eines lachenden Philosophen«. Das Werk sollte ursprünglich, auch wenn es nie als geschlossener, schulphilosophischer Beitrag gedacht war, zu einer Philosophie des Lächerlichen erwachsen. Aber die nimmermüde Denkapparatur des gelehrigen Spötters verleitete ihn unversehens vom Lachen zum Weinen, vom Weinen zur Todesfurcht, von dieser wieder zurück ins Leben, zu den niederen und höheren Leidenschaften und Schrullen der Menschheit, zur Fresssucht und dem Schlaf, den Künsten und Vorstellungswelten des Glaubens und Aberglaubens, die das Einerlei der alltäglichen Existenz überhöhen... Kurzum: Weber kam über die langen Jahre des Grübelns und Formulierens vom Hölzchen zum Stöckchen, ohne dabei freilich den ganzen Menschen in seinem Wesen aus dem Blick zu entlassen. Eine wahre Anthropologie sind seine einzelnen Beobachtungen zum menschlichen Dasein dann in der Summe geworden, was sein Bruder Heinrich Benedikt anerkennend resümierte: »Denn gewiß enthält dieses Buch einen Schatz trefflicher, anthropologischer Bemerkungen, trefflicher Beiträge zur wahren Weltkenntniß und Lebensphilosophie. Dieses Menschen- und Lebensbuch, wie wir es benennen dürfen, erinnert an Montaignes und Garves Versuche in manchen Beziehungen […].«[70]

Das trifft das Wesen dieser merkwürdigen Schriften, die im Laufe von fast drei Jahrzehnten als Ausflüsse eines gesunden Menschenverstandes entstanden sind. Der Fundus an menschlichen Fragen und Facetten erscheint unerschöpflich – eine wahre Anthropologie eben, wird doch allerlei zusammengebracht, was den Menschen erst zum Menschen macht: Witz und Scharfsinn, Geschmack, Humor, die Ehe, das Alter, die Sinne, die Nahrung, Glaube und Aberglaube, Erfindungen, Lügen, zahllose Spielarten von Stolz und Leidenschaft, der Geiz, die Liebe, das Küssen, Trink-, Spiel-, Tabaks- und Wollust, der Schlaf, die Langeweile, Faulheit, Bücher und die Leserei, Sympathien und Idiosynkrasien, die unterschiedlichsten Berufe und Stände, Scherz und Freiheitsschwärmerei, Sonderlinge und Hagestolze, Träume und Titulaturen, Luxus, Anstand und Lebensart, Nasen und Nationen – und das, was einem nach dem Tode angehängt wird: komische

---

70 Anonymus: Carl Julius Weber (wie Anm. 3), S. LXIX.

Grabschriften. Wobei es jene, die er für sich selbst im »Demokritos« gewünscht hatte, längst zur heute noch vielzitierten Legende gebracht hat: »Hier ruhen meine Gebeine – Ich wollt', es wären Deine!«

Die Handschrift, die alle seine Arbeiten charakterisieren, hat Weber in den zwölf Bänden virtuos zum Höhepunkt gebracht. Es ist das schriftgewordene Zeugnis eines selbstdenkenden Kopfes – »ein Phantasiemann (doch kein Phantast)«.[71] Dies trifft gleichermaßen den Geist wie den Produktionsprozess der Schriften. Einmal mehr war es der verständnisvolle und präzise analysierende Bruder, der klug und einfühlsam die geistigen Strukturen herausarbeitet, welche die Originalität von Webers Weltwahrnehmung und Weltbearbeitung ermöglichten. Es ist ein Kräftespiel sich ergänzender Begabungen und Prägungen, gegebenen und erworbenen Fähigkeiten, die ihn in jener unverwechselbaren Manier seinen unentwegt stimulierten Kopf gebrauchen ließen, wie dies eben der Fall war. Der Biograf verweist auf »eine starke und sehr bewegliche Einbildungskraft, in reproduktiver, wie in productiver Hinsicht.«[72] Die Unterscheidung am Schluss ist wichtig. Die Fähigkeit, sinnliche Eindrücke, Erfahrungen oder Gelesenes aufzunehmen und zu verinnern, traf auf ein außergewöhnliches, schon in der Kindheit geschultes Gedächtnis. Dies prädestinierte

---

71 Ebda., S. XLVII.
72 Ebda.

ihn zum Enzyklopädisten, der Fülle und Vielfalt der Wirklichkeit förmlich aufsog und sein Interesse an unterschiedlichste Phänomene band. Hinzu kommt »eine vorzügliche logische Kraft«, »ein vorzüglicher Verstand«, der das Aufgenommene bearbeitet, ordnet und zu beurteilen weiß.[73] Das gab seinen Urteilen Fundierung und Bestimmtheit, auch wenn der Bruder nicht verhehlen konnte, dass das Tempo seiner Urteilsfindung mitunter etwas ungebremst über ihre Gegenstände kam und die Kritik von Menschen und Büchern bisweilen »aus Kraftgefühl zu rasch entscheidend« ausfallen konnte.[74] Die brüderliche Wertschätzung wollte dennoch kaum Abstriche zulassen: »Er war […] ein lachender, hell um sich schauender, doch mehr in die Weite, als in die Tiefe blickender Weltphilosoph, ein unabhängiger Denker, voll eigener Erfahrungen, Beobachtungen und Ideen, voll Belesenheit, voll Spottgeist und Lucianischen und Swiftischen Humors.«[75]

Dies mag die Weber'sche Lesart der Welt und seine spezifische, in all seinen Arbeiten praktizierte Handschrift erläutern. Er versteht sich auf die Kunst, Weisheiten des Lebens in pointierte Formulierungen zu gießen, zeigt sich indes wenig interessiert an systematischer Erörterung. Er saugt auf und häuft an – Zitate wie Anekdoten, eigene Erfahrungen wie Erlesenes. Er extrahiert und destilliert,

---

73 Ebda, S. XLIX.
74 Ebda, S. L.
75 Ebda.

lässt seine Gedankengänge lieber in der schnell verdichteten Pointe als in abwartende Abwägung münden, um munter weiterplaudernd gleich wieder zum nächsten Gegenstand seiner Grübeleien und vor allem zur nächsten Pointe zu eilen. So entsteht ein ständig wechselndes Nebeneinander, bei dem sich Anfang und Ende der Gedankenströme schnell vergessen lassen; mittendrin wird es hingegen selten langweilig. Doch eben dies provozierte immer wieder die Kritik, von der er sich Vorwürfe mangelnder Geschlossenheit und Systematik zugunsten nicht enden wollender Uferlosigkeit einhandelte. Kaum jemand wollte dem nimmermüden Aufklärer die Belesenheit absprechen, mitunter freilich drifte der Tonfall dann doch bedenklich ins Plaudrige und Anekdotische bis hin zu »geistarmer Geschwätzigkeit«, wie die Berliner »Zeitung für die elegante Welt« mit Blick auf seine Deutschlandreise zu rüffeln müssen glaubte.[76]

Selbst der Bruder wollte bei aller Hochachtung gewisse Anfälligkeiten nicht verhehlen. Der unerschöpfliche Reichtum seiner Stoffe »bewirkte aber auch, daß er oft in seinen Schriften zu wenig an sich hält, sich öfters störende Abschweifungen von der Hauptsache erlaubt, sich gewisser muthwilliger Sprünge und Ueberladungen bisweilen schuldig macht.«[77] Das war und wurde immer wieder zum wunden Punkt für die Kritik – Webers

---

[76] Zeitung für die elegante Welt, Berlin, Nr. 137, 17. Julius 1834, S. 548.

[77] Anonymus: Carl Julius Weber (wie Anm. 3), S. LIX.

Neigung zum Aus- und Abschweifen. Es handelt sich grundsätzlich um eine aufschlussreiche, ambivalente geistige Aktivität, dieses Abschweifen – im Falle Webers aber ganz besonders: Er will nicht auf dem rechten Weg bleiben und steuert auf keine verbindlichen gedanklichen Ziele zu. Tatsächlich bestreitet er häufig lieber einladende Seitenpfade und Umwege, statt sich einer direkten Route der Erkenntnisgewinnung unterzuordnen. Statt sein gedankliches Ziel zu avisieren, verfällt er ins Differenzieren, überprüft und vergleicht, auch wenn die Vergleichsgröße unversehens zu ganz anderen Fragen führt, und mäandert gedanklich ohne klare Richtung. Nun mögen solchen »Abschweifungen von der Hauptsache« ja durchaus etwas Zwiespältiges anhaften – schweifen im Sinne von schwingen, drehen, winden, schlängeln, herumtreiben, ziellos wandern, vagieren.[78] Aufs Gedankliche gemünzt torpedieren solche geistigen Ausflüge nachgeradezu die Rationalisierungsabsichten der Aufklärung, die den suchenden Geist auf das zielbewusste und nützliche Streben nach Erkenntnis verpflichtet wissen will. Dem offenen und unvoreingenommenen »schweifen« dagegen haftet der Verdacht des Suspekten und fast schon Romantischen an, weil es eben noch kein verbindliches Ziel kennt. Hier lauert latent die Gefahr, vom rechten

---

[78] Vgl. Artikel »schweifen«, in: Deutsches Wörterbuch von Jacob und Wilhelm Grimm. Neunter Band. Bearb. von Dr. Moriz Heyne, Leipzig 1899, Sp. 2416-2420; Artikel »schweifen«, in: Trübners Deutsches Wörterbuch. Sechster Band, Berlin 1955, S. 268.

Weg abzukommen und orientierungslos im Dunkel zu landen, statt im Lichte erhellender Erkenntnis. Mit seinen »Abschweifungen von der Hauptsache« präsentiert sich also ausgerechnet ein bekennender Aufklärer wie Karl Julius Weber eher als gedanklicher Streuner, der dem Vagieren als Suchbewegung im Unbestimmten und Unbekannten gerne nachgibt.

III. Wirkung, Nachleben

Webers Arbeiten waren immer engagierte Plädoyers für eine aufgeklärte Bürgerlichkeit als Lebensform und Welthaltung. Damit hatte er die Stimmung insbesondere eines in Süddeutschland beheimateten liberalen Bürgertums getroffen, das sich in Ermangelung der Durchsetzung politischer Teilhabemöglichkeiten mehr und mehr in die Sphäre des Kulturellen zurückzog. Ein sprechendes Indiz, wie nachhaltig er in solchen Milieus und wie präsent er bei seinem Publikum war, illustriert eine enthusiastische Attacke, die der aus Basel stämmige Jenaer Historiker Heinrich Gelzer noch lange nach dessen Tod, Ende des 19. Jahrhunderts, zu führen müssen glaubte und bei der er ihm weder an Schärfe noch an Witz nachstand. In seinem Aufsatz über die kulturellen Folgen der Klosteraufhebungen rieb sich Gelzer an der Intoleranz der antikatholischen Konfessionskritiker à la Friedrich Nicolai, um dann vor allem Karl Julius Weber ins Visier zu nehmen: »Dage-

gen wenn man die communis opinio der damals herr-
schenden und tonangebenden Bevölkerungsschicht,
vor allem bei der Klosterausschlachtung die Haupt-
rolle spielenden süddeutschen Bureaukraten kennen
lernen will, so lese man nur, was ihr Mundstück K. J.
Weber, selbst Hofbeamter verschiedener Zaunkönige
und Duodezmonarchen, in seiner Möncherei sagt.
Die Roheit ist nicht individuell, sondern der gene-
relle Ausdruck der in den damaligen Beamtenseelen
ganz schablonenmäßig aufgestapelten Gedankenfül-
le.«[79] Gelzer führt als Beleg ein fast zweiseitiges Zitat
Webers über das Klosterleben an, in dem dieser die
Mönche als Verhinderer der Aufklärung, Fanatiker,
Faultiere und fromme Betrüger charakterisierte: »Hier
feiern die fürchterlichste Trivialität und äußerst arm-
selige Plattheit wahre Orgien. Aber kulturgeschicht-
lich gibt das zu denken. ›Möncherei‹ und ›Demokrit‹
waren das Orakelbuch und Evangelium der badischen
und württembergischen Oberamtmänner in der Re-
staurationszeit; darüber unterhielten sie sich abends
im Herrenstüble beim obligaten Schoppen (auch im
Plural gebräuchlich) mit den anderen Honoratioren
ihres Krähwinkels, dem Herrn Bürgermeister, dem
Herrn Kreisphysikus, dem Herrn Amtsrichter und dem

---

[79] Heinrich Gelzer: Pro monachis. Oder die kulturgeschichtli-
che Bedeutung der Klosteraufhebung in der ersten Hälfte unseres
Jahrhunderts mit besonderer Berücksichtigung der Schweiz. In: Ders.:
Ausgewählte kleine Schriften, Leipzig 1907, S. 156-177, hier S. 171.
Original: Zeitschrift für Kulturgeschichte V (1898), S. 145ff. Diesen
Hinweis fand ich, wie so viele andere auch, bei Blümcke (wie Anm. 3).

Herrn Apotheker. Und wohlgemerkt, das waren noch die geistig Höherstehenden unter den Hochmögenden, welche über solche Gegenstände sich unterhielten, oder überhaupt zu unterhalten imstande waren, während bei andern ›der gemütliche Diskurs‹ einfach in rüdeste Gemeinheit ausartete. Es ist begreiflich, daß eine auf diesem geistigen Niveau stehende Obrigkeit 1848 so jämmerlich zusammenbrach.«[80]

Wie intensiv Webers Denken mit der Denk- und Empfindungswelt des liberalen Bürgertums im Zeitalter der Nationswerdung korrespondierte, unterstrich die Literaturgeschichtsschreibung auch noch vor dem Ersten Weltkrieg. Richard M. Meyer attestierte 1912 dem »Demokritos«, lange Zeit als »eine Art Bibel der allgemeinen Bildung« fungiert zu haben. Allerdings machte er die Glaubensgemeinde vornehmlich unter den »Bildungsphilistern« aus und verwies auf den markanten Widerspruch, dass diese sein Werk »ebenso behaglich genossen« wie sie dessen Urheber konsequent »angefeindet« hätten. Gleichwie, Meyer klassifizierte Weber als »Kirchenvater und Papst für alle, die aus der großen Zeit Friedrichs und Voltaires nur das Negative geerbt hatten, Religionsspötterei, flache Aufklärerei, Behagen an Zynismen aller Art, während die große Menschenliebe und die tapfere echte Aufklärungsarbeit jener Zeit dem Anekdotenjäger zu schwer war. Aber man fand auch hier die Buntheit, für die man

---

80 Ebda., S. 173f.

schwärmte, mit Behagen vorgetragen, nirgends aufregenden Zorn, nirgends leidenschaftliche Liebe; hatte man morgens seinen Spruch aus dem ›Laienbrevier‹ gelesen, konnte man sich wohl abends an Demokrits Späßen ergötzen.«[81]

Die eindrucksvollen Auflagen seiner Arbeiten vom Biedermeier über die gescheiterte Revolution von 1848 und die Reichsgründung 1871 bis hin zum Untergang des Kaiserreichs im Ersten Weltkrieg bezeugen eine enorme Resonanz, die sein aufgeklärter Geist ungebrochen beim Publikum fand. »Populäres, noch heute vielgelesenes, oft geistreiches Werk: eines der verbreitetsten unter der besseren Gesellschaft«, so dokumentierten 1914, im Jahr des Ausbruchs der »Urkatastrophe des 20. Jahrhunderts«, die Buchhalter der »Bibliotheca Germanorum Erotica & Curiosa« eine nach wie vor ungebrochene Anziehungskraft des »Demokritos«.[82] Hier wird deutlich: Weber war zwar nach wie vor gewärtig, entzog sich freilich zweifelsfreier Konvention. Seine Schriften zählten zu den populären Lesestoffen, aber eben nicht zum Kanon der Klassiker, sondern derjenigen Außenseiter, die einem bürgerlichen Publikum die Suggestion schenken mochten, sich doch nicht so ganz dem Zwang der Konventionen ergeben zu haben. Was unter der »besseren Gesellschaft« zu ver-

[81] Richard M. Meyer: Die deutsche Literatur des neunzehnten Jahrhunderts. Volksausgabe, Berlin 1912, S. 200.
[82] Hugo Hayn u. Alfred N. Gotendorf (Hg.): Bibliotheca Germanorum Erotica & Curiosa. Bd. VIII, München 1914, S. 324.

stehen sei, mag unbenannt bleiben. Dennoch lieferten offenkundig die knitzen und galligen Pointen seiner »hinterlassenen Papiere«, die Ansichten und Einsichten über Mensch und Welt, nach wie vor hinlänglich Stoff zu Wiedererkennung und Identifikation.

»Das literarische Großunternehmen wurde ein buchhändlerischer Erfolg«, so zeigte Martin Blümcke, wie sich die Resonanzfähigkeit des »Demokritos« über Jahrzehnte hinweg in Verkaufszahlen konvertieren ließ. Er zählte 15 Gesamtauflagen der zusammengegrübelten und zwölf Bände umfassenden Hinterlassenschaften des lachenden Philosophen.[83] Eine Zäsur, welche den allmählichen Beginn der Erosion des geistigen Resonanzbodens für das Haus- und Trostbuch der liberalen Bürger markiert, ist mit dem Ersten Weltkrieg zu registrieren. Danach geht nur noch einmal, 1927, ein Verlag das Risiko einer Gesamtausgabe ein. In Auswahlbänden und Teilausgaben freilich bleiben sie genauso wie Auszüge seiner Deutschlandreise auf dem Buchmarkt präsent. Das Interesse freilich ebbte deutlich ab. 1899 hatte Rudolf Krauß in seiner »Schwäbischen Litteraturgeschichte« die Empfehlung gegeben: »Man braucht aber auch sein Werk nicht als Ganzes zu nehmen; in kleinen Portionen genossen, wirkt es noch immer erheiternd.«[84] Dies beherzigten immer wieder Verlage bis heute, die Teilauszüge oder

83 Blümcke (wie Anm. 3), S. 85.

84 Rudolf Krauß: Schwäbische Litteraturgeschichte. Bd. 2, Freiburg 1899, S. 389-390, hier: S. 390.

thematisch sortierte Extrakte aus dem »Demokritos« auf den Markt brachten. Auch die »Deutschlandreise« wurde immer wieder bis in die jüngste Gegenwart in regionalen Teilausgaben auszugsweise aufgelegt.

Die großen Fragen, die Weber bewegten und an denen er sich mit Verve gerieben und abgearbeitet hatte, waren die Umwälzungen der alten Ordnungen und eine entschiedene Säkularisierung des gesellschaftlichen Lebens. Er war auf der Höhe der Zeit, wenn er zunächst, wenn auch nur kurz, mit der Französischen Revolution liebäugelte. Der »Ideenmasse, welche diese Revolution auf ein Jahrhundert hinaus in die politische Welt geschleudert hat«, blieb er indes verpflichtet.[85] Politisch liberal und freisinnig, galten seine Sympathien weniger den Linken. Die einzelstaatliche Ordnung hielt er für angemessen und freundete sich an mit dem System der konstitutionellen Monarchie. Sein Patriotismus hatte wenig gemein mit dem Gefühlsnationalismus der Zeit, seine »Liebe zum deutschen Vaterlande war jedoch keine Deutschthümelei«.[86] Allerdings sollte seine wohlwollende Verbundenheit mit Frankreich im Alter durchaus von erbfeindschaftlichen Affekten zersetzt werden. In jedem Fall: Seine Themen blieben Fragen der Zeit und so blieb Karl Julius Weber ein gefragter Autor. Auch wenn er sich selbst bereits als Übergangsgestalt erfahren hatte, waren seine Lebens-

---

85 Anonymus, Carl Julius Weber (wie Anm. 3), S. XVIII.
86 Ebda., S. LII.

anliegen auch immer gesellschaftliche Angelegenheiten gewesen. Just dies freilich war vorbei, nachdem das »lange 19. Jahrhundert« im Ersten Weltkrieg sein Ende gefunden hatte.

Als populärer Hausautor des Bürgertums hatte Weber seinen Resonanzboden verloren; damit gingen auch die Publikation seiner Werke und die Verkaufszahlen zurück. Unduldsam überprüft das kulturelle Gedächtnis Relevanzen und Resonanzen, wägt ab und scheidet aus, was an Gegenwartsbezug verliert. Die Literaturgeschichtsschreibung ziert und windet sich in der Frage, wie und wo sie den schon zu Lebzeiten schwer zu etikettierenden Kopf einzuordnen hat. In seinem ausladenden Versuch, Literatur aus dem Geist der deutschen Stämme und Landschaften zu erläutern, identifizierte Josef Nadler ihn als der »reine Franke«: »Dieser lebhafte, feurige Geist antwortete der Welt im Großen wie im Kleinen mit seinem spöttischen Lächeln«, freilich wie aus einer versunkenen Zeit: »Ein Mann des gemäßigten Freisinns, oft frivol. Gelegentlich zotenhaft, über jedwelchen Wert des Lebens hinaus und jedem Glauben überlegen.«[87] In der Frage, was die Literaturwissenschaft im Nationalsozialismus mit einem Freigeist vom Schlage Webers anzufangen wusste, besteht sicherlich Forschungs- und Klärungsbedarf. Manuel Frey insistierte in seiner Studie über »Toleranz

---

[87] Josef Nadler: Literaturgeschichte der deutschen Stämme und Landschaften. Bd. IV. Der deutsche Staat (1814-1914), Regensburg 1928, S. 248f.

und Selektion«, dass Weber eben »nicht nur ein ›Hausbuch deutschen Humors‹, sondern auch ein Hausbuch bürgerlicher Vorurteile par excellence bot« und seine Ironie immer auch die Möglichkeit zu stigmatisierender Ausgrenzung transportierte: »Bei Karl Julius Weber finden sich schon recht deutlich – anders als noch bei dessen Vorbild Friedrich Nicolai – antisemitische und rassistische Untertöne, die im selektiven physiognomischen Blick schon immer angelegt waren.«[88] Möglichen Zusammenhängen und Folgen wäre konsequenter nachzugehen.

Die unaufhaltsame Verabschiedung aus dem literaturhistorischen Gedächtnis war eingangs dieses Beitrages bereits angezeigt worden. In der jüngsten Auflage von Metzlers »Deutsche Literaturgeschichte« sind zwar populäre Humoristen vom Schlage eines Otto Waalkes vertreten, nicht aber der fraglos noch gebildetere Spötter Weber.[89] Auch in der regionalen, auf den deutschen Südwesten eingeengten Literaturgeschichtsschreibung sind schmerzliche Erinnerungslücken zu konstatieren. Hier mag der Malus nachwirken, dass er als neuwürttembergischer Franke die Zugehörigkeit zur intellektuellen Ehrbarkeit altwürttembergischer Provenienz nicht vorzuweisen vermochte. Nachdem er in den vergangenen Jahrzehnten oft übergangen wurde, honoriert der jüngste Überblick von Hermann Bausinger vor

---

88 Frey (wie Anm. 50), S. 151.
89 Deutsche Literaturgeschichte. Von den Anfängen bis zur Gegenwart. 8. Aufl., Stuttgart 2013.

allem die beachtlichen Begabungen Webers auf dem Terrain der Essayistik.[90] Da er sich der Lebensweisheit, weniger aber der Schulphilosophie verpflichtet fühlte, wirkt die Aufnahme in die »Enzyklopädie Philosophie und Wissenschaftstheorie« umso großzügiger. Jürgen Mittelstraß würdigte ihn dort als »Meister der literarischen Form in der Philosophie.«[91]

Das braucht einen Protagonisten des gesunden Menschenverstandes nicht zu schämen: Heute fungieren seine Schriften, allen voran natürlich der »Demokritos«, vor allem als Steinbruch und Lieferant geschmeidiger Zitate und pointierter Ein- und Ansichten über Mensch und Welt. Ob es um die Ehe geht, die Kunst des Reisens, große Nasen oder das Essen – mitunter sind seine Bonmots herabgesunken zu Plattitüden, in der Regel aber immer noch geistreich und erhellend. Die zusehende Marginalisierung betrifft nicht nur das Werk, sondern auch dessen Urheber und damit die Person und ihre öffentliche Bedeutung. In der biografischen Handbuchliteratur für den deutschen Südwesten sind die Spuren und Anhaltspunkte zum Wirken Webers sträflich rar gestreut.[92] So ist in den

---

[90] Hermann Bausinger: Eine schwäbische Literaturgeschichte, Tübingen 2016.

[91] J. M. (= Jürgen Mittelstraß): Weber, Karl (Carl) Julius. In: Enzyklopädie Philosophie und Wissenschaftstheorie. In Verbindung mit Martin Carrier und Gereon Wolters hg. v. Jürgen Mittelstraß. Bd. 4, Stuttgart 1996, S. 630-631, hier: S. 630.

[92] Vertreten ist er als Abgeordneter in der Zweiten Kammer des württembergischen Landtags zwar bei Frank Raberg: Weber, Karl Julius. In: Ders.: Biographisches Handbuch der württembergischen

vergangenen Jahrzehnten in der Erinnerung an den querdenkenden Privatgelehrten eine kontinuierliche Bewegung vom Großen ins Kleine zu beobachten, eine zunehmende Regionalisierung und Provinziali- sierung innerhalb der Grenzen Hohenlohes, von wo er aufgebrochen war, um sich viel Welt anzueignen und wieder hierher zurückzukehren.[93] Bei der Pflege seines Angedenkens fällt auf, dass die Aufmerksamkeiten für den Frankenspross im politischen Bayern fast groß- züngiger ausfallen als im benachbarten Südweststaat – auch dies ein Nachwirken der alten Ordnungen.[94] Manche, wie Rudolf Schlauch, reklamierten ihn als regionaltypisches Gewächs des historisch und kulturell fränkisch geprägten Hohenloher Landes und stellten »das geistreiche Feuerwerk« seiner schriftstellerischen Arbeiten konsequent in eine »geistesverwandtschaft- liche Linie der hohenlohisch-fränkischen Eigenart«,

Landtagsabgeordneten 1815-1933. Im Auftrag der Kommission für geschichtliche Landeskunde in Baden-Württemberg, Stuttgart 2001. Schmerzliche Lücken klaffen jedoch in den »Lebensbildern aus Schwaben und Franken«, später Baden-Württemberg, genauso wie in den »Baden-Württembergischen Biographien«. Diese Leerstellen irritieren nicht nur, sie ärgern.

93 Norbert Feinäugle: Kulturlandschaft Hohenlohe – Literatur. In: Otto Bauschert (Hg.): Hohenlohe (= Schriften zur politischen Landeskunde Baden-Württemberg, Bd. 21), Stuttgart 1993, S. 168-201; Hans Dieter Haller: Pegasus auf dem Land. Schriftsteller in Hohenlohe, Crailsheim 2006.

94 Vgl. etwa Schlauch, Karl Julius Weber (wie Anm. 5); Friedrich Wilhelm Kantzenbach: Karl Julius Weber als Satiriker. Die Grundzüge seiner Weltauffassung. In: Zeitschrift für bayerische Landesgeschichte 62 (1999), 825-844; Dieter Traupe: »Die Franken haben einen Nationalstolz…« Der Reiseschriftsteller Karl Julius Weber und seine vergnügliche »Frankentour«, Nürnberg 2004.

deren Kennzeichen Frohnatur und Fabulierlust seien, die sich in allen erdenklichen Erscheinungsformen vom gallenbitteren Spott über schlitzohrigen Humor bis zu menschenfreundlicher Neckerei manifestierten.[95]

So finden sich im Hohenlohischen denn auch die wenigen Erinnerungsorte als sichtbare Zeugnisse lebendigen Andenkens. In Langenburg trägt der Raum des Standesamtes im Rathaus den Namen Weber-Stube, was dem Hagestolz bestens gefallen haben dürfte. Die von Martin Blümcke eingerichtete und vom Deutschen Literaturarchiv Marbach betreute Gedenkstätte wird auch für Trauungen genutzt. Obendrein ist da noch das Denkmal an der Alten Schule, das seine Entstehung anlässlich der Erweiterung des Baus 1936 eher dem Zufall verdankte. Ursprünglich war nicht unbedingt an den berühmten Sohn der Stadt gedacht worden. Ihn brachte erst der Bildhauer Jakob Wilhelm Fehrle aus Schwäbisch Gmünd mit seinem Entwurf ins Spiel. Der Gemeinderat verständigte sich in seiner Sitzung am 28. September 1936 auf die Realisierung der Fehrle-Pläne und beschloss, ihm die Ausführung zu übertragen, »vorbehältlich der Regelung der Preisfrage und der Stellungnahme des Gaukulturwarts zur Person Weber und zum Inhalt seiner Schriftwerke.«[96] Derjenige Ort, der heute sicherlich am meisten belebt

---

[95] Schlauch, Lebensbild (wie Anm. 4), S. 208.
[96] Stadtarchiv Langenburg, Langenburger Gemeinderatsprotokolle Band 30, 1935 -1937, S. 313ff; freundlicher Hinweis des Ehepaars Heide und Arnold Ruopp, Langenburg.

wird vom Geiste Webers, mag der Kupferzeller Friedhof sein. Dort findet sich seine Grabplatte eingelassen in die Friedhofsmauer. 1832 starb Weber, bereits gebrechlich. Dem nahenden Tod schaute er gefasst ins Auge, ungebrochen neugierig auf das Danach. In seinen »Todesbetrachtungen« am Ende des »Demokritos« hat er das Bild des Todes als furchtbares Knochengerippe verscheucht und wähnte in Freund Hein einen wohlwollenden Genius, der die lebensmüden Augen zudrückt zu ewigem Schlaf – letzter Gnadenstoß der Natur. Für sich selbst hatte er gewünscht, dass sein Grab keine Stätte der Trauer, sondern der Freude sein solle, an dem Kinder Purzelbäume schlagen dürften und neben einer Rose eine Tabakspflanze sprießen möge. Diese lebensfreundliche Aufmunterung nimmt sich bis heute immer mal wieder die vielfach drangsalierte Gemeinde der Raucher zu Herzen und findet sich dann und wann zu gemeinschaftlicher Andacht der Tabakslust zusammen.

Was bleibt also 250 Jahre nach seiner Geburt vom Vermächtnis des eigenwilligen Quer- und Durcheinanderdenkers, von der Aktualität seiner Lebens- und Weltweisheiten? Eines wurde ihm gewiss nie angezweifelt – seine Originalität. Schon diese scheint Erbschaft genug, wie überhaupt seine grundbürgerliche Haltung, die sich konsequent äußeren Konformitätszwängen verweigerte. Hinzu kommen sein Lob der Kleinigkeit und seine Aufmerksamkeit für Differenzen, die ihm nicht als Quell von Verunsicherung erschienen, sondern zum sichtbaren Beleg für die Fülle der Welt in all ihren Erscheinungsformen wurden. Und schließlich ist da der Humor als erhellende Form der Auseinandersetzung des Menschen mit der Wirklichkeit, der angesichts der unlustigen Entleerung der öffentlichen Kommunikation fast unter Denkmalschutz gehört. Was das Vermächtnis des schriftstellernden Philosophen betrifft, so sollte es die Nachwelt halten, wie er es selbst freundlich und bestimmt diktierte: »Prüfet Alles, und das Gute behaltet.«[97]

---

[97] Motto von Wehrlin junior (wie Anm.1).

Martin Scharfe

Bitterkeit des Lachens?

Carl Julius Weber und die Ironie

Es ist ein Bonmot Sigmund Freuds überliefert, der einem Besucher seiner Bibliothek die imposante Gesamtausgabe der Werke Goethes zeigte mit dem Bemerken: das alles habe der Dichter schreiben müssen, um zu verbergen, wer er eigentlich sei. Auf Carl Julius Weber indessen (den Freud übrigens wohl nicht wahrgenommen hat – er hätte sonst seine epochenmachende »Psychopathologie des Alltagslebens«, 1908, mit Hilfe von Webers Beobachtungen und Anmerkungen leicht auf den doppelten Umfang bringen können) hätte sein Einfall – wenigstens auf den ersten Blick! – nicht gepasst. Denn selten hat ein Gelehrter oder Schriftsteller sein eigenes gelebtes Leben so offen in sein Werk hineingeschrieben wie Weber (der ja, obwohl fast zwei Jahrzehnte jünger als Goethe, im selben Jahr 1832 gestorben ist); die Bände – insbesondere die zwölf Bände des »Demokritos« – sind von autobiografischen Erinnerungen und Notizen geradezu durchwuchert – penetrant fast, so dass man am Ende doch wankend wird und nicht ausschließen möchte, dass Freuds Anmerkung auch Weber hätte treffen können.

Peinlich sorgsame, systematische Lektüre würde noch ganz andere ›Bagatellen‹ über den Autor zutage

Webers Grabstein an der Friedhofsmauer in Kupferzell – ein »Denkmal der Liebe und Dankbarkeit gewidmet dem geliebten Bruder Carl Julius Weber«. Die Inschrift bekennt und empfiehlt unter anderem: »Jocosus, non impius vixi, / incertus morior, non perturbatus, / humanum est nescire et errare / Ens Entium! miserere mei!« – »Ich scherzte gern, doch gottlos lebt ich nicht. / Ich weiß im Sterben Nichts, doch fürcht' ich kein Gericht. / Der Menschheit Loos ist: Irren, unwissend seyn. / Du Wesen aller Wesen! Erbarm'Dich mein!« [Sämmtliche Werke, Band 27, Seite 265]

fördern als etwa jene: dass Weber eher kleingewachsen war; dass er beim Weine lebhaft wurde; dass er dazu neigte, mit Händen und Füßen zu reden; dass er bibelfester war als so mancher junge Theologe seiner Zeit. Anmerkungen solcher Art mag man noch für äußerlich-nebensächlich halten. Doch die zahlreich ins Werk eingestreuten Kindheitsreminiszenzen zeugen nicht nur von einem guten Gedächtnis, sondern vor allem von großer psychologischer Aufmerksamkeit. Wenn er berichtet, wie er litt, weil er als Kind eine Zeitlang nicht wachsen wollte; wenn er sich noch im Alter ärgert über den Rektor, der einen Mitschüler pries, weil der stärker sei als der kleine Weber; wenn er sich an das Gefühl beim Genuss des ersten Abendmahls erinnert (wie das sauersüße Gefühl der ersten Liebe!) – dann sind das pointillistisch notierte Erfahrungen des kleinen Lebens, die nicht einmal so sehr bemerkenswert sind als *Erfahrungen*; die aber hervorgehoben zu werden verdienen als *Notate*. Dass Weber solche Kränkungen der kindlichen Seele als *wesentliche* Vorkommnisse festgehalten und seinem Lesepublikum vorgelegt hat, lässt uns erkennen, dass er von der großen Bedeutung des Seelenlebens wusste.

Die schmerzlichen und offenbar noch im Alter schreckenden Erinnerungen an die Epoche seiner religiösen Sozialisation verweisen darüber hinaus noch auf ein anderes großes Lebensthema Wewbers: den Abschied von der überkommenen Religion als einem bergenden, aber auch beengenden Gehäuse. Er berichtet vom langen lateinischen Gebet, das herzusagen im Traume stets misslingt, das Steckenbleiben martert ihn. Anlässlich des Versuchs der Vergegenwärtigung des 22. Psalms (mit den bedrohlichen Bildern von Schwert, Löwenrachen, Hunden, Einhörnern) dreht der Verstand des Knaben fast durch. Und dem Rektor der Langenburger Lateinschule, der, vom Weine an der fürstlichen Tafel ›illuminiert‹, den Schülern mehr Emotion beim Hersagen der Gebete abverlangen will, schleudert er nachträglich ein bitteres »Ja, wenn wir auch eine Flasche Verrenberger im Leibe gehabt hätten!« an den hochroten Kopf.[1]

Es fällt auf, wie beherrschend in diesen misslichen Kindheitserinnerungen die Übungen des Memorierens und Gebetaufsagens sind. Doch ist es Weber gelungen, den Rückblicken das Grämliche abzugewöhnen und sie in sein Gebäude (um nicht zu sagen: in seine Theorie) des Lächerlichen einzufügen. Wenn er beispielsweise von den Ohrfeigen erzählt, die er als Kind gefangen hat, weil er in der feierlichsten Stille des Tischgebets nicht an sich halten konnte, laut loszuprusten und loszulachen: dann ist das nicht nur ein Fingerzeig auf die fast unauflösliche Verknotung des Erhabenen mit dem Lächerlichen, sondern zugleich auch auf das bis

<hr>

[1] Ich habe folgende Demokritos-Ausgabe benützt: Demokritos oder hinterlassene Papiere eines lachenden Philosophen. Von dem Verfasser der »Briefe eines in Deutschland reisenden Deutschen«. 9., sorgfältig erläuterte Original-Stereotyp-Ausgabe, Leipzig (Verlag von Hempels Klassiker-Ausgaben) o. J. – Das Zitat in Bd. 7, Kap. 17 (»Religionsschwärmerei und Mysticismus«), S. 216.

heute noch ziemlich unbekannte Territorium einer Psychosomatik des Lachens.

Man sieht: Der Demokritos ist nicht zuletzt auch eine Autobiografie zwischen den Zeilen – natürlich mit all den Irreführungen, welche die Autoren von Autobiografien mehr oder weniger unbewusst einzubauen pflegen. Und es tut den früheren Büchern Webers gewiss keinen Abbruch, wenn man den Demokritos als *Lebens-Werk* in jenem Doppelsinne bezeichnet: Hauptwerk – und zugleich Werk, dessen Verflechtung mit dem Leben des Autors besonders augenfällig ist.

Weil nun dieser Autor die Erfahrungen seines Lebens recht nüchtern und unverstellt zu deuten versucht hat, findet sich bei ihm eine Fülle feiner Bemerkungen, die man mit Fug und Recht als präpsychoanalytisch bezeichnen darf. »Zwei ganz entgegengesetzte Dinge hausen im Sohne des Staubes«, so lesen wir beispielsweise, »ein Gott und ein Thier, die sich ablösen, weit häufiger aber nur einig scheinen, wie Mann und Frau. Zweispännig fährt der Mensch in den Hauptmomenten nie; ergreift der Gott die Zügel, so steigt das Thier brummend hinten auf, und faßt solche das Thier, so muß sich der Gott ohnehin fügen.« Und dann noch deutlicher: »Der Magen und noch etwas [sic! MSch.] sind der Pater Kellner und Küchenmeister und Einheizer [...].«[2]

---

[2] [C. J. Weber:] Demokritos, Bd. 1, Kap. 18 (»Warum lachen wir über das Lächerliche? Der Schluß«), S. 229.

Solche bunten Bilder schiebt uns Weber vor die Welt, um unserem erkennenden Blick Hilfe zu leisten; und er tut das mit einem fast unglaublichen Aufwand an Szenen, an Anekdoten, an Assoziationen. Jede Leserin, jeder Leser unserer Tage wird sich fragen, wie der Mann seinen Stoff bewältigt hat – sowohl die Riesenmasse der konkreten Beispiele wie auch die theoretischen Hervorbringungen der Philosophen und speziell der Ästhetiker seiner Zeit. Er prahlt nicht mit Kant-Lektüre, aber er muss, das zeigen seine Erörterungen, die »Kritik der Urteilskraft« (in 1. Auflage im Jahr 1790 erschienen) gelesen haben. Er zitiert Schiller nicht; doch die Reflexionen über das Ineinander von Lust und Unlust und über den tollen »Doppellauter von Schmerz und Lust«[3] geben uns zu erkennen, dass er den 1801 erstmals publizierten Essai »Über das Erhabene« durchgearbeitet hat. So kann sich die Bewunderung, die sich bei der Demokritos-Lektüre einstellen mag, gut zu den gründlichen biografischen Mitteilungen Martin Blümckes fügen: Webers Bibliothek habe an die elftausend Bände umfasst, und bei Umzügen habe man mehrere Fuhrwerke oder Fuhrwerksfuhren benötigt.

Was uns an biografischen Daten übermittelt ist, legt auch eine glatte Zweiteilung des Lebens Carl Julius Webers nahe: eine gleichsam extravertierte erste Phase

---

[3] Ebda. Bd. 1, Kap. 16 (»Warum lachen wir über das Lächerliche?«), S. 216.

mit Studium, Hofmeisterdasein und politischen Funktionen, und – nach schwerer Krise mit Krankheit – eine eher introvertierte Phase vom Jahre 1804 bis zum Tod im Jahr 1832 (dem Jahr des Druckbeginns des Demokritos), die allerdings von zahllosen Reisen und von seiner Stuttgarter Abgeordnetentätigkeit aufgebrochen wurde. Weber selbst hat eine deutliche Spur gelegt zu solcher Interpretation mit seinem verhärmten, ja zornigen »Fragment meines Lebens« im ersten Band des Demokritos – da hatte er den Eindruck hinterlassen, er werde die Kränkung, die ihm widerfahren war, wohl schwerlich überwinden; die Weintrinkkur, die er genoss, hat die modernen Beobachter wohl nicht überzeugt. Jedenfalls hat man geglaubt, die zweite Lebensphase Webers (wenn man sich schon einer solchen simplen Zweiteilung hingeben will) als eine von Kränkung und Krankheit überschattete, therapiebedürftige Zeit wahrnehmen zu sollen, in der »die schriftstellerische Arbeit, zögernd ergriffen, für ihn eine therapeutische Notwendigkeit annahm«[4]; »Reisefreudigkeit« und »Schriftstellerei« seien für Weber die »Mittel« gewesen, »mit seinem sanguinischen Temperament zurechtzukommen und das Lebenstrauma des Abbruchs seiner beruflichen Lebensbahn abzuarbeiten«.[5]

Bevor sich indessen ein solches Interpretament (das

4 Friedrich Wilhelm Kantzenbach: Karl Julius Weber als Satiriker. Die Grundzüge seiner Weltauffassung. In: Zeitschrift für Bayerische Landesgeschichte 62/1999, S. 825-844; hier: S. 827.
5 Ebda. S. 833.

einen ziemlich trüben Schatten auf Webers Werk werfen würde) in den Köpfen festsetzt und in eine gültige Biografie eingeht, darf der geduldige Leser (vor allem auch der Zwischen-den-Zeilen-Leser!) fragen, wo sich denn überzeugende Belege für die These finden, Weber habe seine ganze zweite Lebenshälfte gewissermaßen als Absturz erfahren und gegen diesen Absturz fast zwanghaft angeschrieben. Gewiss gibt es lederne Strecken im Werk, wo der Elan spürbar nachgelassen hat; doch welcher wissenschaftliche Autor möchte von sich behaupten, dass er mit Stoffmassen stets derart souverän umzugehen vermag wie Weber im Demokritos? Nein: ohne große innere Kraft und Elastizität wäre dieses Werk nicht zustandegekommen.

Zu dieser spürbaren Kraft passt die These von einer gleichsam von Melancholie verdüsterten Lebenszeit nur schlecht. Wie, wenn die These nur aus dem Reservoir einer gängigen Allerweltspsychologie gezogen wäre? Es könnte ja sein, dass Carl Julius Weber am Ende, und nachdem er den Schock überwunden hatte, gar nicht unglücklich war über seine Freisetzung – ja, dass er die Geschäftigkeitsphase seines Lebens im Rückblick als »falsche Tendenz« (den Ausdruck verdanken wir Goethe[6]) und die Phase des

---

6 Johann Peter Eckermann: Gespräche mit Goethe in den letzten Jahren seines Lebens. Hg. von Otto Schönberger, Stuttgart 1994, S. 375 (notiert unter dem Datum 12. April 1829). – Der Ausdruck findet sich freilich auch schon bei Friedrich Schlegel (und, wer weiß, vielleicht auch noch bei anderen in jenen Jahrzehnten?): [»Athenäums«-]Fragmente [1798]. In: Ders.: »Athenäums«-Fragmente und andere Schriften.

Privatlebens als die glücklichere angesehen und eingestuft hat.

Es gibt nämlich eine denkwürdige Bemerkung im 28. Kapitel des ersten Demokritos-Bandes, in dem Weber sich klarzuwerden versucht über Stellenwert und Herkunft seines eigenen ironischen Organs; das Kapitel ist bezeichnenderweise überschrieben mit der an die Interpreten seines Werkes gerichteten Frage: »Ist Sinn für das Lächerliche Zeichen eines bösen Herzens?«, und wir verstehen, dass Weber meinte: Ist Sinn für das Lächerliche Zeichen eines *gekränkten* – also etwa des Weberschen – Herzens? Er kommt auf die bewunderten Göttinger Professoren-Vorbilder Kästner und Lichtenberg zu sprechen, auf ihren mehr oder weniger verletzenden Witz, auf ihr mehr oder weniger verhaltenes Gelächter. Doch dann folgt, völlig unerwartet und auch unerwartbar, der Satz. »Beide waren sicher am glücklichsten in der Stille ihrer Georgia Augusta [d. h. der Göttinger Universität, MSch.] unter ihren Büchern und mathematisch-physikalischen Apparaten.«[7] Woher diese Vermutung, diese frappante Einsicht? Sie *muss* aus der eigenen Erfahrung stammen, aus der Selbsteinschätzung des zwischen den Haufen von Zetteln und Heften und neben Stapeln von aufgeschlagenen Büchern vielleicht (so stellen wir uns das

Auswahl und Nachwort von Andreas Huyssen, Stuttgart 1978 (Ausgabe 2005), S. 76-142; hier: S. 125.

[7] [C. J. Weber:] Demokritos, Bd. 1, Kap. 28 (»Ist Sinn für das Lächerliche Zeichen eines bösen Herzens?«), S. 319.

vor) am Stehpult mit akkuraten Federzügen sisyphoshaft schreibenden Carl Julius Weber – kurz also: aus
der Erfahrung eigener Momente des Glücks. Denn die
Quintessenz eines Denkversuchs von Albert Camus
konnte er ja noch nicht kennen: »Wir müssen uns
Sisyphos als einen glücklichen Menschen vorstellen.«[8]

Das 28. Kapitel des ersten Demokritos-Bandes birgt
noch eine zweite bedeutsame Konfession, in der Weber
seine ironische »Fertigkeit« zunächst aus den Erfahrungen seines Lebens – und das heißt vor allem: aus der
mit seiner schnöden Entlassung verbundenen Kränkung – herleitet. »Kalte Herzen«, schreibt er, »mögen
nichts als lachen – ihr Lachen ist Auslachen; aber warmes Herzenslachen fließt nicht selten aus tugendhafter
Indignation, die lange unglücklich gemacht und endlich sich in eine Fertigkeit verwandelt hat, alles nur von
der komischen Seite zu nehmen, um zu vergessen; weit
entfernt, böse zu sein, will sie nur froh sein, aber ihre
Bitterkeit verräth die Quelle.«[9] Zwar erwähnt Weber
hier nochmals die Unglückserfahrung, deren Bitterkeit
noch lange spürbar geblieben ist und vom Lesepublikum wohl auch bemerkt werden soll; doch dass der so
sprachbewusste wie sprachgeübte Mann von ironischer
Fertigkeit spricht – statt von Fähigkeit! –, zeigt doch an,
dass er einen Lernprozess wahrgenommen hat, dessen

---

8 Albert Camus: Der Mythos des Sisyphos [1942]. Deutsch und
mit einem Nachwort von Vincent von Wroblewsky. 10. Aufl., Reinbek
2008, S. 153-160; hier: S. 160.
9 [C. J. Weber:] Demokritos, Bd. 1, Kap. 28, S. 327.

Resultat die ironische Attitüde ist. Man könnte auch sagen: Das Lachen, so sieht es wenigstens Weber selbst, hat sich aus der Knechtschaft des Affekts emanzipiert.

Das weite Gebiet der (wie man im 18. und 19. Jahrhundert sagte:) Religionsübungen diente Carl Julius Weber als vorzügliches Terrain zur Erprobung und Verfeinerung seiner ironischen Fertigkeit, das heißt jener kulturellen Gebärde, die (nochmals mit Demokritos gesprochen) versucht, die beobachtete Welt »von der komischen Seite zu nehmen«.[10] Er hatte die Entstehung dieser Attitüde schon bei Johann Carl Wezel studieren können, der in den Jahren 1784 und 85 die beiden Bände seines erstaunlichen und im Grunde bis heute unübertroffenen »Versuchs über die Kenntniß des Menschen« vorgelegt hatte – eine tiefsinnige, vor allem auf schonungsloser Selbstbeobachtung beruhende Studie über die intimen Verhäkelungen von Leib, Geist und Seele. Wezel berichtet von farbigen religiösen Ritualen, die ihm im Fiebertraum erschienen: »Ich fühlte dabey die tiefste Ehrfurcht, wie bey der unmittelbaren Gegenwart des Wesens, dem diese Ehre geschah.« Doch dann wechselt die Stimmung abrupt – ohne (und das ist bemerkenswert und festzuhalten!) erkennbaren Anlass: »Plözlich wurde mir das Bild komisch: ich mußte lachen, daß alle diese Geschöpfe so einfältig waren und die Gottheit […] mit Niederfallen auf die Knie, mit dem Schlagen an die Brust und

---

10 Ebda.

andern Gebräuchen zu ehren glaubten: es fielen mir bey dieser Gelegenheit noch mehr gottesdienstliche Gewohnheiten ein, die mir alle gleich lächerlich waren: ich empfand Verachtung gegen das ganze Menschengeschlecht, das sich zu so wunderlichen, zwecklosen, ungereimten Gebräuchen verirren konnte.«[11]

Carl Julius Weber aber, ein Bewunderer und Verehrer des unglücklichen Wezels, konnte solche religiösen Rituale auch ganz ohne die Gärhefe des Fiebertraums komisch finden: »Unsere feierlichsten Processionen«, schrieb er, »Paar und Paar [sic! MSch.], wie aus der Arche Noahs, erhöht durch Gravität und Amtskleidung, sind mir der beste Beweis, wie die Natur mit uns ihr komisches Spiel treibt«![12] Weber wusste durchaus noch andere Szenen aufzurufen – etwa die vom Gedränge beim Jüngsten Gericht, das entsteht, weil alle die Irdischen sich in die Reihe der Guten einzureihen versuchen und die Engel Polizei spielen müssen, »wenn keiner Bock und links, und Alles Schaf und rechts sein will«.[13] Die komische Szene ist zwar fantasiert; doch der Kommentar mit seinem entlarvenden Fingerzeig auf menschliche Schwächen führt – wie die Subscriptio einer emblematischen Szene – direkt in die irdische Realität zurück. Das festzuhalten ist nicht nebensächlich,

---

11 Johann Carl Wezel: Versuch über die Kenntniß des Menschen, Leipzig 1784 und 1785, Teil 1, S. 175.
12 [C. J. Weber:] Demokritos, Bd. 1, Kap. 15 (»Schluß und Festsetzung des Begriffs: lächerlich«), S. 200.
13 Ebda. Bd. 7, Kap. 19 (»Weitere Religionsbetrachtungen eines einfältigen Laien«), S. 243.

weil sich die Ironie, von der wir handeln (und die Carl Julius Weber so meisterlich zu traktieren wusste) stets auf unsere Wirklichkeit bezieht.

Weber, der sich ja, so scheint es wenigstens, mit einer gewissen Leidenslust immer wieder hinter die Gefängnisgitter des Systematisierens gedrängt hat (um dann – mit noch größerer Lust! – wieder aus ihnen auszubrechen), präsentierte seinem Lesepublikum in einem Definitionsversuch allerdings nur die enge und landläufige Auffassung von Ironie: »Ironie«, schrieb er, »wofür wir kein deutsches Wort haben, ist spaßhafter Ernst, der sich bald in verstelltes Lob, bald in verstellten Tadel hüllt, und nimmt bald die Maske treuherziger Einfalt an, die Alles glaubt, bis der Mann in den Fesseln der Absurdität feststeckt, oder trägt die Maske der Naivetät [...] und wird dann zur Schalkhaftigkeit. In beiden Fällen liegt der Ernst des Scheins zu Grunde [...]. Ironie hat viele Aehnlichkeit mit Humor, nur daß dieser in vollem Ernste handelt, jene aber sich verstellt und selbst will, daß man ihre Verstellung merke. [...]. Ist sie allzu versteckt, so wird sie unverständlich, und ist sie allzudeutlich, so wird sie grob und zur Persiflage. [...] Unter allen komischen Zuchtmitteln ist Ironie dem Ernste am nächsten verwandt, daher sie auch meist bitter schmeckt« – soweit die für Webers meisterhafte Diktion durchaus typischen Sätze.[14]

---

14 Ebda. Bd. 8, Kap. 20 (»Der Spott, die Ironie und Persiflage. Fortsetzung und Schluß«), S. 254 f.

Was er mit dieser Definition freilich nicht erfasst und zum Ausdruck gebracht hatte, war ein Thema, das wir von unserer heutigen Position aus als Thema der Epoche zu erkennen vermögen: nämliche Ironie in einem weiteren Sinne; Ironie als Haltung; Ironie als *Kulturgebärde* – Ironie wohl gar als *epochentypische* Kulturgebärde. Carl Julius Weber nämlich war ein in diesem umfassenderen Sinne herausragender Ironiker des beginnenden 19. Jahrhunderts. Er wusste mit seinem überaus empfindlichen ironischen Organ seine Zeit zu vermessen, und er traf mit seinem ironischen Vermögen einen Nerv der Zeit – was, wenigstens zum Teil, auch den Anklang erklärt, den er mit seinem Demokritos beim bürgerlichen Publikum fand (und den er nicht mehr genießen konnte).

Schon ein knappes Jahrzehnt nach Webers Tod im Jahre 1832 gelang es dem jungen Dänen Sören Kierkegaard, die Attitüde der Ironie nicht nur in prägnanten Worten zu beschreiben, sondern auch ihre Bedeutung für das Leben herauszuarbeiten – etwa mit dem kühnen Satz: »Ebenso wie die Philosophie mit dem Zweifel, ebenso beginnt ein Leben, das menschenwürdig genannt werden kann, mit der Ironie.«[15] Denn »was der Zweifel für die Wissenschaft ist, ist die Ironie für das persönliche Leben«.[16] Was

---

[15] Sören Kierkegaard: Über den Begriff der Ironie mit ständiger Rücksicht auf Sokrates [1841]. In: Ders.: Gesammelte Werke. Hg. von Emanuel Hirsch und Hayo Gerdes. 31. Abt. 4. Aufl., Gütersloh 1998, S. 4.

[16] Ebda. S. 331.

Kierkegaard aber über die Leistung dieser Ironie zu sagen wusste, wirkt wie auf Carl Julius Weber (den er freilich nicht kannte) abgezielt. Ironie sei »wesentlich kritisch«, lesen wir (und denken an Demokritos), sie sei »der sichere Blick für das Schiefe, das Verkehrte, das Eitle am Dasein«.[17] Ironie ist also viel mehr als nur die sprachliche Attitüde versteckten Spöttelns: »Die Ironie ist ein *Organ*, ein *Sinn für das Negative*.«[18] In der modernen Sprachwissenschaft hat man das als »das in der wahren Ironie liegende Annihilationsmoment« bezeichnet[19]; denn Ironie im Sinne ihrer sich in der literarischen Romantik mühsam artikulierenden Theorie meint: neue Souveränität des Urteils über die existierenden Dinge. »Wir müssen uns über unsre eigne Liebe erheben, und was wir anbeten, in Gedanken vernichten können« – so radikal hat Friedrich Schlegel seinerzeit (im Jahre 1798) den Hauptgedanken der Ironie formuliert.[20]

Schlegel versorgt uns auch mit Beispielen; eines davon ist die wichtigtuende, die sich spreizende Zeitung, die in den Augen des Ironikers zur ›Farce‹ wird, über die er »in ein Gelächter verfallen« kann, »was kaum wieder aufhören will«; denn »Plattheit« und »Stumpfheit«

---

17 Ebda. S. 281, 261.
18 Ebda. S. 315 (über die Theorie der Ironie, wie sie Karl Wilhelm Ferdinand Solger formuliert hat). – Hervorhebungen von mir, MSch.
19 Ingrid Strohschneider-Kohrs: Die romantische Ironie in Theorie und Gestaltung. 2. erw. Aufl., Tübingen 1977, S. 199.
20 Friedrich Schlegel: Über Goethes Meister [1798]. In: Ders.: »Athenäums«-Fragmente und andere Schriften (wie Anm. 6), S. 143-164; hier: S. 148.

haben sich am Ende in »närrische Dummheit« verwandelt.[21] Dieses Beispiel ist uns besonders wertvoll, weil es auch Carl Julius Weber tauglich schien für seine Parade der Lächerlichkeiten – er hat ihm ein ganzes Kapitel gewidmet. Der Schluss dieses Kapitels – »Die Zeitungen und Zeitschriften oder Journale« – ist nun ganz charakteristisch nicht nur für Webers Darstellungs- und Argumentationsweise, sondern grundsätzlich auch für die Gebärde der Ironie. Denn Weber pickt mit sparsamen Worten eine Normalität des gewöhnlichen Alltagslebens heraus – nämlich die Verwendung des Zeitungspapiers als Abortpapier! – und hat es dann kaum mehr nötig, das Ungereimte dieser Normalität, den klaffenden Widerspruch zwischen dem hehren und dem banalen Zweck des Journals sonderlich auszuführen: »Wie ist es auch nur möglich«, lesen wir, »daß der Zeitungsmann keinen Unrath zustandebringe? Es freut mich zwar stets, wenn ich auf Leute stoße, die ihre Zeitung auf dem Abtritte studiren und dann weiter verwenden in usum delphini; darum möchte ich aber doch keinem Zeitungsschreiber, der auf frühere Artikel mit den Worten zu verweisen pflegt: ›Siehe oben S. –‹ bemerken, daß es richtiger gesprochen wäre: ›Siehe unten‹ – bei dem gewöhnlichen Schicksale der Zeitungen.«[22] Der Gedankengang ist gewiss

---

[21] Ders.: Gespräch über die Poesie [1800]. Ebda. S. 165-224; hier: S. 205 f.

[22] [C. J. Weber:] Demokritos, Bd. 6, Kap. 4 (»Die Zeitungen und Zeitschriften oder Journale«), S. 52.

sehr viel schlichter als jener im Gespräch Simpls mit dem Abortpapier (mit dem »Schermesser«), wie es Grimmelshausen gut anderthalb Jahrhunderte früher entworfen hatte[23]; aber er entlarvt doch zur Genüge: treffliches Beispiel für die ironische ›Vernichtung‹ der sich spreizenden Wirklichkeit.

Man hat, gewiss mit Recht, auf eine weitere Funktion der ironischen Attitüde hingewiesen; und Kenner der Biografie Carl Julius Webers werden in Versuchung sein, diese Funktion auf ihn persönlich zu beziehen. Das mag angesichts seines Lebensschicksals durchaus angehen, ja sinnvoll sein – und wäre dennoch ein zu kurzer Schritt. Denn es geht um *alle* Individuen des Zeitalters, wenn Kierkegaard anmerkt, in der ironischen Attitüde befinde sich »das Subjekt in einem dauernden Rückzuge«, »um sich selber zu retten, d. h. um sich selber zu bewahren in der negativen Unabhängigkeit von allem«.[24] Mit den neueren Worten Peter Szondis heißt das: Ironie ist der Versuch des Menschen, »seine kritische Lage durch Abstandnahme und Umwertung auszuhalten«.[25]

---

23 Vgl. Hans Jacob Christoffel von Grimmelshausen: Simplicissimus Teutsch (1669). Hg. von Dieter Breuer, Frankfurt am Main 2005, S. 610-622. – Zum Hintergrund einer Kulturgeschichte des Unrats vgl. z. B. Martin Scharfe: Der Dreck der Welt. Vorüberlegungen zu einer Theorie des Unappetitlichen. In: Wolfgang Meighörner (Hg.): Dreck im Tiroler Volkskunstmuseum, Innsbruck 2013, S. 23-39.

24 S. Kierkegaard: Über den Begriff der Ironie (wie Anm. 15), S. 262.

25 Peter Szondi: Friedrich Schlegel und die romantische Ironie. Mit einer Beilage über Tiecks Komödien. In: Ders.: Satz und Gegensatz. Sechs Essays, Frankfurt am Main 1964, S. 5-24; hier: S. 17.

Es ist also naheliegend, diese Geste der Behauptung subjektiver Souveränität auch als Bedürfnis des gesamten Zeitalters anzusehen. Weber hat an mehr als einer Stelle auf gesellschaftliche und kulturelle und speziell politische Befürchtungen und Sorgen seiner Zeitgenossen hingezeigt – und natürlich auf seine eigenen. Man muss nicht lange suchen, die verräterischen Sätze finden sich allenthalben. Ich greife nur zwei davon heraus, zufällig fast – einen zum Thema Napoleon (das große Thema der Verunsicherung!), den andern zum Thema Vernunft (das große Thema der Hoffnung – und der Sorge!): »Der Geist unserer Zeit scheint nicht besonders geeignet zu sein für das Komische«, lässt uns Weber rätseln und hofft, dass wir ihn verstehen, »und das Komische ist entweder unserer edeln Zeit nicht werth, oder unsere edle Zeit, die man das Zeitalter Napoleons genannt hat, ist selbst das Komische.«[26] Diese Sätze dürfen genauso als Sätze großer Skepsis gelesen werden wie jene über die Chancen von Aufklärung und Vernunft. Weber wünscht sich und uns die Vernunft als (nach Luther) zweiten »Reformator«, schiebt, nachdem er allerlei Zweifel am Erfolg der weiteren Aufklärung aufgezählt hat, ein trotziges ›Die Vernunft wird am Ende doch siegen!‹[27] nach – um dann erneut zu stocken und innezuhalten: »Ob noch

---

[26] [C. J. Weber:] Demokritos, Bd. 1, Kap. 12 (»Was ist lächerlich? Die Ideen der Alten und der Neuern hierüber«), S. 175 f.

[27] Weber zitiert das französische Wortspiel: »mais – la raison finira par avoir raison.«

im neunzehnten Jahrhundert? es wäre wohl Zeit, aber die Sache scheint mir täglich problematischer.«[28]

Solche Sorgen des Ironikers und der Ironiker haben die Idee aufkommen lassen: die Ironie sei über die Geschichte hinweg nicht gleichmäßig verteilt; es gebe womöglich Zeiten, in denen sich das Bedürfnis nach ironischer Bearbeitung (oder gar Vernichtung) der Welt stärker rege als in anderen. Ironie (und Carl Julius Webers ganzer Demokritos!) ließe sich dann als *Symptom* verstehen, das auf die Empfindung einer Krise, einer kritischen Epoche verweist. Der Kunsthistoriker Hans Sedlmayr hat von ›kritischen Formen‹ der Kultur gesprochen, die »die Untergründe eines ganzen Zeitalters« ›bloßlegen‹ und »eine Diagnose des Leidens der Zeit« ermöglichen.[29] Er war von Architekturgestaltungen ausgegangen. Doch nichts hindert uns, auch die ironischen Hervorbringungen *literarischer* Art als solche verweisenden ›kritischen Formen‹ zu verstehen: auch Webers Demokritos wäre also als ›kritische Form‹ im Sinne Sedlmayrs zu sehen; und das weist ihm einen besonderen Rang als Werk zwischen den Umbrüchen unserer beginnenden Moderne zu (deren besondere Dramatik durch die gängigen hölzernen Schubladen mit den Etiketten Aufklärung und Romantik eher verstellt wird).

---

28 Ebda. Bd. 7, Kap. 19 (»Weitere Religionsbetrachtungen eines einfältigen Laien«), S. 243 f.
29 Hans Sedlmayr: Verlust der Mitte. Die bildende Kunst des 19. und 20. Jahrhunderts als Symptom und Symbol der Zeit [1948]. 17. Aufl., Frankfurt am Main, Berlin 1991, S. 10 und 7.

Carl Julius Webers ausdauernd zähes ironisches Zupfen an den alten Zöpfen, seine offene Hoffnung auf den Sieg der Vernunft – eine Hoffnung, in die doch eine erkleckliche Portion Skepsis eingemischt war, wie wir gesehen haben –, sein ›gemischtes Gefühl‹[30] also angesichts *seiner* Moderne kann uns ermuntern, einen Gedanken, den der Literaturwissenschaftler Carl Pietzcker auf die Erscheinung der Groteske und des Grotesken gemünzt hat, probeweise auch auf den verdichteten Auftritt der Ironie anzuwenden: das Groteske (und wir übersetzen: die Ironie) sei »die Struktur einer Weltbegegnung« und könne »nur dort auftreten, wo bisherige Weltorientierungen zerbrechen oder zu zerbrechen beginnen und bekämpft werden, aber noch nicht durch neue ersetzt sind«.[31]

Im Grunde aber war schon Kierkegaard auf eine ähnliche Vermutung oder These gestoßen: »der Ironiker«, hatte er nämlich angemerkt, »weist fort und fort hin auf etwas im Kommen Begriffenes« – wenn er auch noch nicht weiß, »was es ist«.[32] Und Kierkegaard hatte auch schon die Anregung gegeben (der wir hier mit der Würdigung Carl Julius Webers als

---

[30] ›Gemischtes Gefühl‹ ist ein Schillerscher Ausdruck; er bezeichnet das unauflösliche Ineinander von sich widersprechenden Affekten (etwa Lust und Schmerz). Vgl. etwa Friedrich Schiller: Über das Erhabene [1801]. In: Ders.: Schillers Werke. Hg. von Ludwig Bellermann. 2. Aufl., Leipzig o. J. Bd. 7, S. 231-250; hier: S. 236.
[31] Carl Pietzcker: Das Groteske. In: Deutsche Vierteljahrsschrift für Literaturwissenschaft und Geistesgeschichte 45/1971, S. 197-211; hier: S. 199 und 211.
[32] S. Kierkegaard: Über den Begriff der Ironie (wie Anm. 15), S. 265.

Ironiker, zugegebenermaßen spät, folgen!), den engen Zusammenhang zwischen historischer Krise und dem Auftritt der Ironie methodologisch zu nutzen; denn: »In gewissem Maße muß […] jeder geschichtliche Wendepunkt diese Formation [d. h. die historische Gebärde der Ironie, MSch.] besitzen«; also dürfte es »sicherlich nicht ohne geschichtliches Interesse sein, dieser Formation durch die Weltgeschichte hin nachzugehn«.[33]

Uns freilich muss es schon reichen, auf diese Bedeutungsfacette des Weberschen Werkes hingewiesen zu haben, dessen Oszillieren zuweilen als unbefriedigend empfunden und deshalb kritisiert worden ist. Von solcher Kritik wird aber bald abstehen, wer erfahren hat, dass das »Schweben« (um es so zu sagen:) ein Markenzeichen des Ironikers ist[34] – Schweben einerseits als zwangsläufiges Resultat einer historisch *notwendigen* Orientierungsschwäche (oder gar eines Orientierungsverlustes?), Schweben andererseits als Voraussetzung der notwendigen Distanz zu den Objekten der realen Welt oder: Schweben, das den ironischen Blick von oben herab erlaubt.

Es sei ein letztes Beispiel für solche Souveränität des Ironikers angefügt. Weber erzählt im »Fragment« von zum Zwecke der Erholung und der Unterhaltung unternommenen Kahnfahrten seiner Herrschaft,

---

33 Ebda. S. 266.
34 Ebda. S. 267.

der adligen Gesellschaft, auf dem Büdinger Schloss-
graben – einem »stinkenden Pfuhle«, wie er sogleich
anfügt, in den »die zahllosen Abtritte« des Schlosses
mündeten.[35] Bedarf es da noch eines Kommentars? Die
Szene spricht für sich. Und die Frage, ob das Lachen
des Autors bitter ist oder nicht, kann ruhig unbeant-
wortet bleiben.

Einem Marburger Autoren mag es erlaubt sein, zum
Schluss ein Marburger Bild Webers aufzurufen. Noch
heute kann man auf dem bewaldeten Höhenrücken
östlich der Stadt die Ruine einer uralten ausgebrann-
ten Eiche sehen, der man den Namen »Heilige Eiche«
gegeben hat. Auch Weber hat dieses ›Naturdenkmal‹
gekannt – in anderen Zeiten freilich, als in den Wäl-
dern noch die Schweine weideten und zuweilen samt
ihrem Hirten im hohlen Baum Schutz suchten. Und
so konnte er über die alte hohle Eiche bei Marburg
vermelden: unten sei sie Schweinestall; doch oben im
Geäst sängen die Vögel.[36]

Auch wir Späteren nutzen gerne Carl Julius Webers
große Stärke, Szenen und Bilder allegorisch zu deuten.
Der fliegende Vogel, der auf den Schweinestall hinab-
blickt: das ist natürlich der ›schwebende‹ Ironiker, der
sich aus der Distanz seinen Reim auf die Welt macht,
und der es unternimmt, mit anderen Erfahrenen »sich
auf Demokrits Seite zu schlagen und zu dem Welthu-

---

35 [C. J. Weber:] Demokritos, Bd. 1, Kap. 1 (»Fragment meines
Lebens«), S. 24.
36 Vgl. ebda. Bd. 1, Kap. 28, S. 320.

mor zu erheben, der gleich dem Adler Alles unter sich erblickt, wie Schwalben und Sperlinge«.[37] Von dort oben freilich sieht man »die Menschen *in Karrikatur*« – oder, fügt Weber an: »*wie sie sind*«.[38]

---

[37] Ebda.
[38] [C. J. Weber:] Demokritos, Bd. 1, Kap. 18, S. 230. – Hervorhebungen von mir, MSch.

Stefan Knödler

Bücherbesitz und Bücherwissen

Zum Verhältnis von Bibliothek und Werk in
Karl Julius Webers *Demokritos*

I Bibliomanie und Sonderstatus

»Es ist ein komisches Ding um einen echten Bibliomanen (was feiner klingt als Büchernarr) […]; jede Auk-
tion ist ihm ein Christmarkt, und jeder zugeschickte
Auktionskatalog […] ein Weihnachtsgeschenk.«[1]

Bibliomanie nennt man nach der Definition des
einschlägigen Standardwerks, Holbrook Jacksons »The
Anatomy of Bibliomania«, die Leidenschaft, Bücher
ohne erkennbaren Anlass zu sammeln und zu horten
(»the passion to collect, hoard, without any apparent
occasion«)[2] – eine Leidenschaft, die alle anderen Inter-
essen überlagert und dadurch, wie der Name schon sagt,

---

[1] Carl Julius Weber: Demokritos oder hinterlassene Papiere eines lachenden Philosophen, achte, sorgfältig erläuterten Original-Stereotyp-
Ausgabe, 12 in 6 Bdn., Stuttgart 1868, hier Bd. VI, S. 66. Im Folgenden
wird nach dieser Ausgabe im Text in Klammern zitiert mit der Angabe
von Bandnummer (römisch) und Seitenzahl (arabisch). Ich verwende
diese Ausgabe und nicht eine frühere, weil es für sie ein umfangreiches
und relativ zuverlässiges Register gibt, das wesentlich später erschienen ist: Autoren- Namen- und Sach-Register zu Karl Julius Weber's
»Demokritos«, Stuttgart 1884.

[2] Holbrook Jackson: The Anatomy of Bibliomania, London 1950,
S. 513.

krankhaft-obsessive Züge trägt.[3] Karl Julius Weber widmet ihr in seinem »Demokritos« ein ungewöhnlich langes, zweigeteiltes Kapitel (VI, 53–75), »Ueber Bücher«. Er bezeichnet sich dabei mehrmals selbst als einen Bibliomanen, wobei man in seinem Falle zögern wird, von einer Manie zu sprechen, denn seine Leidenschaft für Bücher dominiert zwar sein Leben, aber sie überlagert seine anderen Leidenschaften nicht völlig. Es geht Weber, das wird bei der Lektüre der entsprechenden Passagen des »Demokritos« deutlich, nicht um den monetären Wert seiner Bibliothek (daran scheint er kein Interesse gehabt zu haben), sondern um ihren Gebrauch: Weber liest seine Bücher, er arbeitet mit ihnen, sie dienen ihm als Grundlage für eigene Überlegungen, aus ihnen baut er seine eigenen Bücher.

Dass seiner Sammlertätigkeit wie seiner Sammlung indes etwas durchaus Sündhaftes anhaftet, für das er büßen muss bzw. müsste, klingt mehrmals an. So etwa in dem Kapitel über Leipzig in »Deutschland, oder Briefe eines in Deutschland reisenden Deutschen«, wo er sich an die überschaubare Bibliothek seines Vaters erinnert: »Meines Vaters – *persona honoratior* – ganze Bibliothek, bestand aus Gellert, Rabener, Friedrichs Feldzügen, einem Morgen- und Abendseegenbuch, und einem Predigt-Quartanten, der zugleich zum Geburts-Register seiner Kinder diente.« Mit einer Mischung aus Ahnenstolz und Ahnenehrfurcht fährt er

---

[3] Vgl. ebda., S. 562.

Deutschland,

oder

Briefe

eines

in Deutschland reisenden Deutschen.

Von

Carl Julius Weber.

Erster Band.
Zweite, vermehrte und verbesserte, Auflage.

Dulce et decorum est pro Patria — scripsi!

Mit königl. württemb. Privilegium.

Stuttgart,
1834.
Hallberger'sche Verlagshandlung.

Aus dem unübersehbaren Konvolut der zeitgenössischen Reise-literatur sticht die gleichermaßen erfahrungsgesättigte wie gelehrte Deutschland-Beschreibung heraus. Carl Julius Weber's Sämmtliche Werke, Titelblatt.

fort: »Könnte er wieder kehren, und die Bücher-Samm-
lung seines geliebten Erstgebornen sehen, ich glaub er
vergäße sich, und griefe [!] nach seinem alten Erzie-
hungs-Scepter – der *Elle*.«[4]

Eine andere Form der Sühne für den Bücherbesitz
ist die Einsamkeit: »Entfernt von öffentlichen Bibliotheken, einsam den Wissenschaften lebend, habe
ich nach und nach einen Papierschatz (mein einziger
Schatz) zusammengebracht, den ich nicht verant-
worten könnte, wenn ich Frau und Kinder hätte, da
nichts so theuer eingekauft und nichts so wohlfeil
verkauft wird, als Bücher.« (VI, 66) Auch wenn das
melancholisch klingt, würde Weber, vor die Wahl
zwischen Bibliothek und Familie gestellt, sich wohl
ohne weiteres wieder für die Bibliothek entschieden
haben. Das wird in dem Kapitel »Die Sonderlinge
und Hagestolze« (II, 39–57) deutlich, in dem er die in
selbstgewählter Einsamkeit und mit geistiger Tätigkeit
ihr Leben fristenden Männer den »Alltagsmenschen«
(II, 43) positiv gegenüberstellt. Verlust und Gewinn
hat er, der bekennende Hagestolz, gründlich gegeneinander abgewogen: »Ich weiß, wie viel ich verloren
habe, habe aber die Lehre von der *Compensatio* […]
nicht vergessen, den größten Frieden und Ruhe; und
wenn ich mir so ansehe, was aus dreien meiner Jugend-
göttinnen geworden ist! […] Ich blieb ledig, schränkte

---

4 [Karl Julius Weber:] Deutschland, oder Briefe eines in Deutschland
reisenden Deutschen, 4 Bde., Stuttgart 1826–1828, hier Bd. III, S. 96.

mich ein, schriftstellerte und – lebte einsam auf dem Lande[.]« (II, 56) So ist die folgende, an ein imaginäres Gegenüber gerichtete Passage als eine Selbstcharakterisierung zu lesen:

»Biedern, vollen Handschlag […] dem Manne, der sich aus den Stürmen der Welt in die Stille seiner Bücherei flüchten, sich hier trösten und stärken kann für neue Kämpfe, oder – gelingt es wieder nicht – seine Heiterkeit darum nicht verliert, Geist und Herz zu veredeln sucht unter seinen Todten und Mißgeschick und Verkanntsein darüber rein vergißt. In der Einsamkeit […] erst lernt man ganz den Erfinder der Bücher preisen. Eine ausgewählte Büchersammlung ist und bleibt der Brautschatz des Geistes und des Gemüthes. […] Je älter man wird, desto lieber geht man mit den Todten um, zu denen man ja ohnehin bald versammelt wird, statt mit Menschen; sie sind und bleiben die besten Freunde der Einsamkeit, die besten Tröster und die besten Beschützer gegen Gleichgültigkeit des Lebens und Verachtung seines Geschlechtes.« (VI, 74)

Neben Ehelosigkeit und freiwilliger Absonderung von der Gesellschaft, die ihm Zeit und Ruhe zur Selbstbildung und zur eigenen schriftstellerischen Arbeit verschafft haben, führt er als Argumente für seine geistige Überlegenheit gegen die »Alltagsmenschen« auch seine Männlichkeit und sein Alter ins Feld, denn seine Betrachtungen zu Büchern und Bibliomanie sind eingebettet in eine leidenschaftliche und heftige Kritik an der Massenproduktion und -lektüre von Büchern, deren einziger Zweck es sei, beim – meist jungen und weiblichen (vgl. VI, 42) – Leser für Zerstreuung und bei den Buchhändlern für monetären Gewinn zu sorgen. Dass die Angst vor der Langeweile und nicht ein »Geistesbedürfniß« der Grund für die »Modeleserei« (VI, 22) sei, macht er – in einem eigenen Kapitel – an den Romanen fest (vgl. VI, 32–42), die »die zahlreichsten, obgleich dem innern Gehalte nach die schlechtesten« (VI, 32) Arten von Büchern darstellten. Weber, der weder jung noch weiblich sowie unverheiratet und kinderlos ist, denkt sich sein Publikum selbst als älter und männlich. Er ist der typische männliche Sachbuchleser, der auch als Schriftsteller einen Leserkreis bedienen will, der ihm ähnlich ist.[5]

II   Nachrichten von Webers Bibliothek

Im Kapitel »Ueber Bücher« gibt Weber Auskunft über den (ungefähren) Umfang seiner Bibliothek kurz vor seinem Tod sowie über deren Kernbestand:

---

5 Für den Rezensenten im Literaturblatt (Beilage zum Morgenblatt für gebildete Leser), Nr. 62 vom 18. Juni 1841, S. 245f., hier S. 246, gilt dies auch andersherum: »Das schöne Geschlecht und die Jugend sind von einer Lektüre, wie diese, fern zu halten. Aber reife und praktische, besonders Geschäfts- und weltkundige Männer werden daraus das Vergnügen schöpfen, das den Alten ihr Aristophanes und dem Zeitalter der Reformation Rabelais gewährte, wobei zu bemerken ist, daß Weber nicht unverständlich wie jene, sondern überaus klar ist, und daß er, je mehr ihm eigene Erfindung abgeht, desto fleißiger und glücklicher citirt.«

»In meinem vierundsechzigsten Jahre mußte ich leider ausziehen und fand mich reicher als ich selbst wußte; mein Bücherreichthum erforderte zwei Zweispänner, während mein übriges Eigenthum auf einigen Schubkarren hätte fortgebracht werden können. Ich entledigte mich des vierten Theils dieses Reichthums, vorzüglich aller schweren Kavallerie, und fand mich so leicht wie ein Dintenhusar. Klinger sagt: ›Müßte ich meinen Bücherüberfluß abschaffen, so beschränkte ich mich auf Nathan, Musarion, Oberon, Göthe's Tasso und Iphigenie, Schillers Don Carlos, Voß' Louise und Thümmels Reisen.‹ Das könnte ich doch nicht. Dachte Klinger nicht an die Bibel und Homer und andere würdige Alte, wie Plutarch und Lucian? Dachte er nicht an Ossian und Shakspeare, an Ariosto und Tasso, an Montaigne, Montesquieu, Rousseau und Voltaire? an Hume und Kant? an Hippel und Lichtenberg? an einige treffliche Historiker und Naturforscher, und an so manche herrliche Reise und an Romane, an Cervantes, Fielding und Sterne? So leicht könnte ich mirs nicht machen, und verlöre ich durch eine Feuersbrunst meine Sammlung mit meinen Papieren, so würde ich schwerlich gleichgültig bleiben können […]. Einen neuen, gleich starken Ausschuß getraue ich mir noch zu machen, wenn ich nach dem Grundsatz handle: ›Was nicht werth ist, mehr als einmal gelesen zu werden, verdient gar nicht gelesen zu werden.‹ Aber unter tausend Bänden sehe ich nicht ein, wie ich bestehen soll; dafür habe ich schon seit vielen Jahren gelehrte Zeitungen und Zeitschriften aufgegeben, halte mich lediglich an den Weidmann'schen Meßkatalog, wie in der Politik des Tages lediglich an das, was mir der Schwabenmerkur verräth, um etwas mit der Zeit fortzugehen, und an meine älteren Lieblinge, und befinde mich, wie auch mein Beutel, recht wohl dabei.« (VI, 68f.)[6]

Der Zweispänner ist ein Hohlmaß, mit dem der heutige Leser wenig anzufangen weiß. Dennoch bekommt man, wenn man sich vorstellt, dass drei Viertel von Webers Bibliothek mit zwei Zweispännern transportiert worden sind, eine Ahnung von ihrer ungewöhnlichen Größe. Weitere und präzisere Nachrichten über Webers Bibliothek gibt es erst wieder aus der Zeit nach seinem Tod – und mit ihnen die Gewissheit, dass es sie nicht mehr gibt. In der »Beilage zur Allgemeinen Zeitung«, der damals größten und wichtigsten deutschen Tageszeitung, findet sich am 9. Dezember 1842 folgende Anzeige:

Verkauf
der *Karl Julius Weber*'schen
Bibliothek.
Wie bieten hiemit die so reichhaltige Bibliothek von *K. J. Weber*, welche gegen 11.000 Bände oder 5000 Werke enthält zum Verkauf aus. Sie besteht aus griechischen, römischen, deutschen,

---

6 Das von Weber angeführte Zitat stammt aus Friedrich Maximilian Klinger: Betrachtungen und Gedanken über verschiedene Gegenstände der Welt der Litteratur, Bd. III, Petersburg 1805, S. 190f.

englischen und französischen Classikern, philosophischen und staatswissenschaftlichen Schriften, und ganz besonders vielen Reisebeschreibungen und Geschichtswerken.
Ein handschriftlicher Katalog davon steht auf
Verlangen zur Durchsicht zu Diensten. – *Stuttgart*, im Nov. 1842. Hallberger'sche Verlagshandlung.[7]

Die Hallberger'sche Verlagshandlung in Stuttgart hat
als »Eigenthümerin sämmtlicher geistiger Erzeugn-
isse dieses mit Recht so beliebten Schriftstellers«
zwischen 1834 und 1843 die dreißigbändige Ausgabe
der »Sämmtliche Werke« Webers veröffentlicht, die in
den Bänden 28 bis 30 tatsächlich bis dato ungedruckte
Schriften enthält. Es liegt daher nahe, dass Hallberger
im Besitz von Webers schriftlichem Nachlass war – er
ist heute nicht mehr auffindbar, ebenso wie das in der
Anzeige genannte handschriftliche Verzeichnis der
zum Verkauf stehenden Bücher. Ob zu Webers Nachlass, der an Hallberger gekommen ist, von Anfang an
auch die Bibliothek gehört hat und warum diese erst
fünf Jahre nach Fertigstellung der Werkausgabe verkauft wurde, bleibt unklar. Sicher ist nur, dass die von
Hallberger verkauften »11.000 Bände oder 5000 Werke«[8] nicht die vollständige Büchersammlung Webers

---

7 Beilage zur Allgemeinen Zeitung, Nr. 343 vom 9. Dezember
1842, S. 2744.
   8 Die Zahl findet sich auch bei [Heinrich Benedikt Weber:] Carl

ausgemacht haben können, denn dreißig Jahre später gab es einen weiteren Verkauf von Webers Bibliothek, zu dem nun ein gedruckter Katalog erschien:

LXXXII.

CATALOG

des ANTIQUAR. BÜCHERLAGERS

von

FIDELIS BUTSCH SOHN

vormals BIRETT'sche Antiquariats-Buchhandlung

in

AUGSBURG.

1872

Das Titelblatt des 2.836 Nummern auf 127 Seiten enthaltenden Katalogs verspricht weiterhin: »Reiche Auswahl typographischer und literarischer Seltenheiten, sowie wissenschaftlicher Werke alter und neuer Zeit. (Enthält zum grösseren Theile die Bibliothek Carl Julius Webers, des Verfassers des »Papsthum,« »Möncherei,« »Democrit,« »Ritterwesen« etc. etc.)«

Julius Weber, geschildert nach seinem Leben, eigenthümlichen Wesen und schriftstellerischen Wirken. In: Sämmtliche Werke, Bd. I, Stuttgart 1834, S. III–LXXII, hier S. XXXVIII: »Hier saß er denn wieder, wie früher, den größten Theil des Tages über an seinem Arbeitstische, umgeben von seiner großen und reichhaltigen Bibliothek, die zuletzt an 11.000 Bände, oder gegen 5.000–6.000 Werke aus den verschiedensten Fächern der Literatur enthielt.« Auch die Beschreibung der Bibliothek ähnelt der Hallberger'schen Anzeige: »Neben den griechischen und römischen, englischen, französischen und deutschen Classikern waren hier viele Reisebeschreibungen, allgemeine und spezielle Geschichtswerke, philosophische und staatswissenschaftliche Schriften, ausgezeichnete Romane, Biographien u.s.w. aufgestellt[.]«

Die angebotenen Bücher sind alphabetisch ange-
ordnet, wobei einzelne inhaltlich zusammengehörende
Titel unter einem Stichwort – »Curiosa«, »Deutsche
Literatur«, »Frankreich«, »Ordensgeschichte«, »Reisen«
oder »Theater« – zusammengefasst sind. Wo die Bücher
seit Webers Tod aufbewahrt worden sind und wie es
zu ihrem Verkauf so lange nach dem Hallbergerschen
gekommen ist, bleibt unklar. Sein Bruder wundert sich,
dass Weber, der seine Bibliothek so sehr geliebt hat,
keine »besondere Disposition in Ansehung ihrer machte und ihre *Beisammenhaltung* auf irgend eine Weise
anordnete«; sie sei nun »bereits an einige Buchhändler
in Stuttgart verkauft«[9] – um das zu verhindern, hat er
offenbar dennoch nichts unternommen.

Immerhin lässt sich der Umfang von Webers Bibliothek ungefähr angeben. Denn nimmt man die 2.836
Nummern zu den 5.000 von Hallberger genannten
Werken und berücksichtigt, dass Weber davor bereits
ein Viertel seiner Bücher aussortiert hat, so kommt
man auf einen ursprünglichen Bestand von etwa 10.000
Werken, die mit den mehrbändigen Titeln also rund
20.000 Bänden umfasst hätte.[10] Von dieser Zahl muss

9 [Heinrich Benedikt Weber:] Carl Julius Weber, geschildert nach
seinem Leben (wie Anm. 8), S. XLV. Über weitere Verkäufe von Teilen
von Webers Bibliothek in Stuttgart und anderswo ließ sich nichts in
Erfahrung bringen.
10 Vgl. die Auktionskataloge der Bibliotheken von Johann Gottfried
Herder (1804): 7492 Bände; Christoph Martin Wieland (1814): 3849
Bände; August Wilhelm Schlegel (1845): 1600 Titel; Ludwig Tieck
(1849): 7930 Titel, der Katalog von Goethes Bibliothek: 5424 Titel –
allesamt also weniger als Weber!

allerdings eine unbekannte Zahl von Büchern abge-
zogen werden, die in dem Katalog von Fidelis Butsch
nicht aus der Bibliothek Webers stammen, der diese ja
»nur zum grösseren Theile« enthält. Das schränkt auch
die Brauchbarkeit des Verzeichnisses, das, anders als
die Hallberger-Anzeige, einzelne Titel nennt, für die
Forschung gewaltig ein, denn niemand kann sicher
sagen, ob die angeführten Bücher wirklich aus Webers
Bibliothek stammen. Alles, was nach Webers Tod erschienen ist, kann mit Bestimmtheit ausgeschlossen
werden, also etwa eine zwischen 1845 und 1852 er-
schienene Ausgabe der gesammelten Werke Karl Gutz-
kows (Nr. 923) oder eine Prachtausgabe von Wilhelm
Hauffs »Lichtenstein« von 1855 (Nr. 927). Mit großer
Wahrscheinlichkeit stammen dagegen die Werke in
den Abschnitten »Ordensgeschichte« und »Schriften
gegen die Orden und die Kirche« aus Webers Bibliothek – sie bilden die Grundlage seiner ersten Bücher,
»Die Möncherey oder geschichtliche Darstellung der
Kloster-Welt«,[11] »Das Ritter-Wesen und die Templer,
Johanniter und Marianer oder Deutsch-Ordens-Ritter
insbesondere«,[12] sowie des postum erschienenen »Das
Papstthum und die Päpste«.[13] Auch die meisten Bü-

---

[11] [Karl Julius Weber:] Die Möncherey oder geschichtliche
Darstellung der Kloster-Welt, 3 Bde., Stuttgart 1818–1820.

[12] [Karl Julius Weber:] Das Ritter-Wesen und die Templer,
Johanniter und Marianer oder Deutsch-Ordens-Ritter insbesondere,
3 Bde., Stuttgart 1822–1824.

[13] Karl Julius Weber: Das Papstthum und die Päpste. In: Sämmtliche
Werke, Bd. 1–3, Stuttgart 1834.

cher aus der Abteilung »Curiosa« dürften aus Webers Bestand stammen, auch wenn sich hier Titel späteren Datums befinden. Man würde sich wünschen, dass Weber etwa folgende Titel in seiner Bibliothek gehabt hätte: Der junge Antihypochondriacus oder Etwas zur Erschütterung des Zwerchfells und zur Beförderung der Verdauung. 20 Porziönchen in 3 Bdn., Lindenstadt 1796–1806 (Nr. 495); J. Bunkel: Geschichte einiger Esel, 3 Bde., Hamburg 1782 (Nr. 540); L'Eloge de rien dedié à personne, Paris 1730 (Nr. 600); Georg am Wald: Gerichts Teuffel darin angezeigt wird wie der leidig Sathan bisweylen vnordnung vnd zerrüttung in Gerichten etc. anrichten thut, St. Gallen 1580 (Nr. 640); Lexikon aller Anstössigkeiten und Prahlereyen, welche in denen zu Berlin in 15 Bden. erschienenen Schriften Friedrichs II vorkommen, Leipzig 1789 (Nr. 717); Medizinischer Maul-Affe des getreuen Eckharths oder der entlarvte Marktschreyer in welchem vornehml. der Marktschreyer Bossheit und Betrügereyen etc. nebst erschröcklichen und lustigen Begebenheiten, Frankfurt 1620 (Nr. 739); J. G. Simon: De impotentia conjugali. Von dem Ehelichen Unvermögen und andern mit der Lehre vom Ehestande verwandten Dingen, Jena 1634 (Nr. 815); Der kurtzweilige Stockfisch, Nürnberg 1660 (Nr. 828); Ueber die Stubenmädchen in Wien, Wien 1781 (Nr. 849).

Es ist offensichtlich, dass sich die Hallberger'sche Verlagshandlung zunächst die leichtverkäuflichen Rosinen aus Webers Bibliothek herausgepickt hat – die

»Classiker«. Der spätere Augsburger Auktionskatalog versammelt vor allem weniger bekannte und randständige Titel wie die eben genannten. Den Kern von Webers Büchersammlung – und auch von seiner Lektüre – machten allerdings die Autoren aus, die Weber im »Demokritos« nennt (siehe oben): die Bibel und Homer, Plutarch und Lukian, Ossian und Shakspeare, Ariost und Tasso; Montaigne, Montesquieu, Rousseau und Voltaire, Hume und Kant, Hippel und Lichtenberg, »einige treffliche Historiker und Naturforscher«, »manche herrliche Reise«, die Romane von Cervantes, Fielding und Sterne (vgl. VI, 68f.). Manche seiner Lieblinge hat Weber nach eigenen Angaben sogar jährlich gelesen (etwa Fielding, vgl. IX, S. 126, oder den »Don Quixote«, vgl. XII, 12). Kein Buch der genannten Verfasser kommt in dem Butsch'schen Katalog vor, wurde also von Hallberger bereits verkauft, oder von Webers Familie erst gar nicht zum Verkauf angeboten.

III Webers Kanon

Unter diesen Voraussetzungen werden die Register der Werke Webers zur wichtigsten Informationsquelle über Webers Bibliothek; sie bilden seinen Kanon am besten ab. Die von Weber selbst als seine Favoriten Genannten gehören auch zu den dort am häufigsten Indexierten, andere gruppieren sich um diese Autoren. Grundsätzlich kann festgehalten werden, dass Webers engerer Kanon nicht weit über die Autoren hinausgeht, die seine Jugend und Studienzeit prägten. Er verfügte über eine außergewöhnlich gründliche Kenntnis der Autoren der Antike, auf denen die höhere Schulbildung seiner Zeit beruhte. Einen zweiten Schwerpunkt seiner Lektüre bilden die französischen Aufklärer. Rousseau und Voltaire sind die einzigen Dichter, die ein eigenes Kapitel im »Demokritos« haben (VIII, S. 161–170 bzw. 260–273). Dabei ist Rousseau sicherlich kein komischer Autor (oder ein satirischer wie Voltaire), sein Leben bietet aber genug Elemente, die Weber bei anderen als Lächerlichkeiten für seine Darstellung ausgebeutet hätte. Aber die rücksichtsvolle Art, wie er über den »armen« und »unglücklichen« Rousseau, den »Sonderling aller Sonderlinge« spricht, zeigt, wie sehr er mit ihm sympathisiert und sich mit ihm identifiziert. Der Bruder berichtet in seiner Biografie, Rousseau sei für Weber in seinen Erlanger Studienjahren »sein Evangelium«[14] gewesen. Später hätten ihn allerdings materialistische Philosophen wie Voltaire, Helvetius, Diderot oder Holbach mehr angezogen. In der Tat bildet die französische Aufklärung die ideologische Grundlage aller seiner Schriften. An Lieblingen unter den französischen Schriftstellern sind noch die komischen (Rabelais oder Molière) sowie die Moralisten und witzigen Aphoristiker (Chamfort, Rivarol,

---

14 [Heinrich Benedikt Weber:] Carl Julius Weber, geschildert nach seinem Leben (wie Anm. 8), S. XII.

Montesquieu) zu nennen. Methodisch und geistig ist Weber wahrscheinlich Montaigne der nächste: Beide verbinden Gelehrsamkeit mit Erkenntnisinteresse und Introspektion, wobei bei Montaigne das Letztere überwiegt, bei Weber das Erstere.

Ein ähnliches Bild ergibt sich für die deutsche Literatur. Weber habe, so erinnert sich der Bruder, bereits während seiner Gymnasialzeit erste Anzeichen von Bibliomanie gezeigt und in einem ausgiebigen »Privatstudium […] gute geographische und historische Schriftsteller« sowie »unsere damals am meisten gefeierten Dichter und Philosophen, wie *Gleim*, *Uz*, *Kleist*, *Klopstock*, *Göthe*, *Engel*, *Mendelssohn*, *Feder*, *Platner* u. A.«[15] gelesen – eine Liste von Autoren, denen auch noch in seinen Schriften eine große Bedeutung zukommt, und die um Lichtenberg, Wieland, Lessing, Nicolai sowie die heute fast vergessenen Hippel, Kästner, Thümmel und Zimmermann ergänzt werden kann.

Die ihm gleichaltrigen Schriftsteller nahm Weber kaum wahr. Die Romantiker – Novalis, Tieck, August Wilhelm und Friedrich Schlegel, E.T.A. Hoffmann – kannte er immerhin, sie kommen im »Demokritos« am Rande vor, seine württembergischen Landsleute, Ludwig Uhland oder Justinus Kerner (der mit Weber ja durchaus den Sinn fürs Kuriose teilt), werden jedoch nicht erwähnt. Heinrich Benedikt Weber be-

---

15 Ebda., S. VIII.

dauert, dass die »besonder[e] Hingebung an die flache Sensual-Philosophie der französischen Encyclopädisten« seinen Bruder gehindert habe, »das Tiefere und Höhere der neuern deutschen Philosophie, unsern *Kant, Fichte, Schelling* u.s.w.« zu schätzen und »mit rechtem Ernst und Eifer in den Geist ihrer Werke« einzugehen.[16] – Was für Kant, der einer der Autoren mit den meisten Nennungen im Register des »Demokritos« ist, nicht stimmt, für Schelling und Hegel, die kaum, und für Fichte, der gar nicht genannt wird, aber schon. Vielleicht jedoch sollte man einem Mann, der sich dem Konkreten und Komischen widmet, nicht vorwerfen, dass er sich nicht auch mit dem Idealen und Ernsten beschäftigt.

IV Versuch eines Sachkommentars

Dass Weber seine Bibliothek benutzt und nicht aus hohler Bibliomanie angehäuft hat, zeigt jeder Absatz des »Demokritos«. Wie sehr seine Bibliothek sich in die Faktur von Webers Texten eingelagert hat, kann anhand eines Sachkommentars des ersten Absatzes des ersten Kapitels in »Demokritos«, »Das physische Lachen oder Lächeln«, deutlich gemacht werden – hier nach der »achten, sorgfältig erläuterten Original-Stereotyp-Ausgabe«:

---

[16] Ebda., S. XII.

»Lachen, Schlaf und Hoffnung gab uns Mutter Natur gegen die Mühseligkeiten eines Lebens, das Manche nicht annähmen, wenn sie zuvor befragt würden. Die Hoffnung, der Traum der Wachenden und die erste Stütze der Geduld, war das einzige, was in Pandora's Büchse zurückblieb, und es ist schade, daß sich Plutarch nicht näher über seine Elpistiker erklärt hat, woraus die Gelehrten bald Christen, bald Stoiker, bald Cyniker gemacht haben. Der Schiffer sieht das Land immer näher, als es wirklich liegt, und der Landbauer ist bei dem schlechtesten Jahr reich in dem nächstfolgenden. Jeder sagt: Ist's heute nicht, so ist's morgen!

Grata superveniet, quae non sperabitur hora.« (I, 37)

Ein Sachkommentar dieser wenigen Sätze könnte etwa so aussehen:

Lachen, Schlaf und Hoffnung gab uns Mutter Natur gegen die Mühseligkeiten eines Lebens, das Manche nicht annähmen, wenn sie zuvor befragt würden.]
Der erste Teil des Satzes ist eine Neuformulierung einer Anmerkung zu § 53 von Immanuel Kants Kritik der Urteilskraft: »Voltaire sagte, der Himmel habe uns zum Gegengewicht gegen die vielen Mühseligkeiten des Lebens zwei Dinge gegeben: die Hoffnung und den Schlaf. Er hätte noch das Lachen dazu rechnen können[.]« (Immanuel Kant: Kritik der Urteilskraft, in: Werke in sechs Bänden, hrsg.

von Wilhelm Weischedel, Darmstadt 1987, Bd. V, S. 233–620, hier S. 439) *Kant bezieht sich dabei auf den Anfang des siebten Gesangs von Voltaires Versepos* La Henriade (Voltaire: La Henriade. Poème, in: Œuvres complètes, Bd. 10, Kehl 1784, S. 137)*:*

Du Dieu qui nous créa la clémence infinie,
Pour adoucir les maux de cette courte vie,
A placé parmi nous deux êtres bienfesans,
De la terre à jamais aimables habitans,
Soutiens dans les travaux, trésors dans l'indigence:
L'un est le doux sommeil, et l'autre est l'espérance.

Der zweite Teil des Satzes ist wenig mehr als eine Variation des berühmten Verses aus einem der Chorgesänge im Ödipus auf Kolonos *des Sophokles:* »Nicht geboren zu sein, das geht | Über alles« (Sophokles: Oidipus auf Kolonos, in: Die Tragödien, übersetzt von Heinrich Weinstock, neu hrsg. und eingeleitet von Bernhard Zimmermann, Stuttgart 2015, S. 359–435, hier S. 415).

Die Hoffnung, der Traum der Wachenden und die erste Stütze der Geduld, war das einzige, was in Pandora's Büchse zurückblieb…]
Der Traum der Wachenden wird die Hoffnung von Aristoteles genannt; so überliefert es zumindest Diogenes Laertius V, 1, 18 (vgl. Diogenes Lartius: Leben und Meinungen berühmter Philosophen,

übersetzt vom Otto Apelt, hrsg. von Klaus Reich, 2. Aufl., Hamburg 1967, S. 248). *In Deutschland ist der Ausspruch losgelöst von seiner antiken Überlieferung sprichwörtlich geworden* (vgl. Deutsches Sprichwörter-Lexikon, hrsg. von Karl Friedrich Wilhelm Wander, Bd. 2, Leipzig 1870, S. 724). *Dass die Hoffnung die (erste) Stütze der Geduld sei, ist eine häufig wiederkehrende Formulierung in der Erbauungsliteratur in der zweiten Hälfte des 18. und der ersten Hälfte des 19. Jahrhunderts.*

Die Geschichte von Pandoras Büchse wird erstmals in Hesiods Werke und Tage, *V. 70–105, erzählt – Pandora öffnet, obwohl es ihr verboten wurde, die Büchse, in der die Götter vielerlei Unheil gepackt hatten. Das Unheil ist damit in der Welt, die Hoffnung indes ist als einzige in der Büchse zurückgeblieben* (Hesiod: Werke und Tage, Griechisch/Deutsch, übersetzt und hrsg. von Otto Schönberger, Stuttgart 1996, S. 8–11).

…und es ist schade, daß sich Plutarch nicht näher über seine Elpistiker erklärt hat, woraus die Gelehrten bald Christen, bald Stoiker, bald Cyniker gemacht haben.]
Elpistiker nennt man die Angehörigen einer philosophischen Richtung in der griechischen Antike, die in der Hoffnung das sehen, was das Leben lebenswert mache, der einzige Hinweis auf sie findet sich in Plutarchs Tischreden, *Buch IV 4; vgl. Plutarch:* Tischreden, *in:* Moralia, *hrsg. von Christian*

Weise und Manuel Vogel, Bd. 2, S. 9–218, hier S. 95: »Denn wie die Philosophieschule der Elpistiker behauptet, die Hoffnung sei der einzige Halt des Lebens, da das Leben ohne diese und ihren Reiz unerträglich sei, [...].« *Weber hatte seine Kenntnisse wahrscheinlich aus Lessings nachgelassenen Entwürfen zu der Abhandlung* Über die Elpistiker, *in:* Gotthold Ephraim Lessings Leben, nebst seinem noch übrigen litterarischen Nachlasse, *hrsg. von Karl Gotthelf Lessing, Berlin 1795, Bd. 2, S. 119–147 (in dem Butschischen Verzeichnis als Nr. 974 verzeichnet). Von Lessings Abhandlung ist nur eine Gliederung enthalten, in der Lessing sich vornimmt, zu zeigen, dass die Elpistiker weder Christen (S. 119–121), Stoiker (S. 121–126) noch Cyniker (S. 126f.) gewesen sind, sowie ein Teil der Abhandlung mit dem Anfang des ersten Hauptstücks* »Wider D. Heumann, daß die Elpistiker keine Christen gewesen« *(S. 141–147).*

Der Schiffer sieht das Land immer näher, als es wirklich liegt, und der Landbauer ist bei dem schlechtesten Jahr reich in dem nächstfolgenden.]

Der Bauer, der im nächsten Jahr reich wird, ist sprichwörtlich; vgl. etwa Ida von Düringsfeld/Otto von Reinsberg-Düringsfeld: Sprichwörter der germanischen und romanischen Sprachen, *Leipzig 1872, Bd. 1, S. 78:* »Die Bauer sind alle zukünftiges Jahr reich.« *[mit Varianten]; der Schiffer wohl auch, auf jeden Fall ist das Phänomen eine Entdeckung der Wissenschaft zu Webers Zeit; vgl. Samuel Cooper:* Neuestes Handbuch der Chirurgie in alphabetischer Ordnung, *nach der dritten englischen Original-Ausgabe übersetzt, durchgesehen und mit einer Vorrede von Ludwig Friedrich von Froriep, Bd. 2, Weimar 1820, S. 210f.:* »Je mehr Gegenstände zwischen dem Auge und dem hauptsächlich zu betrachtenden Dinge liegen, desto entfernter erscheint es; je weniger, desto näher. In einem mit Schnee bedeckten Lande, und auf der See erscheinen sehr entfernte Gegenstände in einer großen Nähe.«

Jeder sagt: Ist's heute nicht, so ist's morgen!]

Ist in vielen Variationen sprichwörtlich. Wortwörtlich steht der Ausspruch etwa in Carl Gottlob Cramer: Der Minister und der Leibschneider, *Bd. 1, Hamburg 1818, S. 401, und in Friedrich Rochlitz:* Denkmale glücklicher Stunden, *Bd. 2, Leipzig u.a. 1811, S. 323.*

Grata superveniet, quae non sperabitur hora.]

Zitat aus Horaz: Episteln, *I, 4, V. 12; in Wielands Übersetzung:* »[S]o wird dir jede unverhofte Stunde, | die noch hinzu kommt, desto werther kommen.« (Horazens Briefe aus dem Lateinischen, *übersezt und mit historischen Einleitungen und anderen nöthigen Erläuterungen versehen von Christoph Martin Wieland, Bd. 1, Dessau 1782, S. 87)*

In dem kommentierten Absatz wird lediglich ein Name genannt – der Plutarchs – und nur zwei Stellen werden als Zitate kenntlich gemacht: das Sprichwort »Ist's heute nicht, so ist's morgen!« durch Anführungszeichen und das Horaz-Zitat durch Einrückung. Tatsächlich besteht aber der ganze Absatz, der Sachkommentar zeigt es, aus Zitaten, Referenzen, aus Angelesenem. Webers eigener Anteil scheint allein in der Anordnung der einzelnen Versatzstücke zu bestehen.

V Wie kommt die Bibliothek ins Buch?

»Es ist ungeheuer, was der Mann las und fraß, nämlich Bücher«, bemerkte nach dem Erscheinen der Bände 5 und 6 des »Demokritos« der Rezensent der »Blätter für literarische Unterhaltung«, um dann nachzulegen: »aus seinem offenen Munde springen ihm die Zoten handvoll heraus, sein Humor ist ein Erbrechungsfest.«[17] Der ungenannte Rezensent in der von August Lewald herausgegebenen »Europa« verwendet ein ähnliches, aber weniger anstößiges Bild und beruft sich auf einen »geistreichen Mann«, der das Buch mit einer »umgefallenen Bibliothek« verglichen habe.[18] Der Sachkommentar, der sich ähnlich für jeden Absatz des Textes

---

17 [Rez. zu:] Democritos, Bd. 5 und 6, Stuttgart 1835/36. In Blätter für literarische Unterhaltung, Nr. 4 vom 4. Januar 1837, S. 16.
18 Europa. Chronik der gebildeten Welt, 1837, Bd. 2, S. 475. Wer der »geistreiche Mann« war, lässt sich nicht nachweisen; vielleicht der Rezensent selbst.

durchführen ließe, führt vor, wie dicht gedrängt direkte und indirekte Buchzitate bei Weber nebeneinander stehen können. Dabei ist es nicht von der Hand zu weisen, dass die ungeheure Textmenge des »Demokritos« zwar durch ein Thema (das Lächerliche/das Komische) zusammengehalten wird, dass es dabei aber weder eine zugrundliegende Theorie gibt noch eine argumentative Struktur, die der Abfolge der einzelnen Kapitel – ja den einzelnen Kapiteln selbst – Richtung und Einheit geben würde. Vieles wirkt halbverdaut, vieles steht nur nebeneinander statt ineinander oder auseinander sich entwickelnd: Der Vorwurf der Rezensenten trifft durchaus. Webers Vorgehen führt dazu, dass man einzelne Kapitel des »Demokritos« ohne Verlust neu gruppieren,[19] oder einzelne Abschnitte leicht aus ihrem Kontext lösen kann, wie etwa die Sätze, die Karl Kraus am 16. Dezember 1917 und am 8. Oktober 1922 vorgetragen und schließlich in seiner »Fackel« abgedruckt hat[20] – zahlreiche Auswahlausgaben bis in die jüngste Zeit zeugen ebenfalls davon.[21]

Über Webers Arbeitsweise kann man nur speku-

---

19 So geschehen in der letzten vollständigen Ausgabe: Karl Julius Weber: Demokritos oder Hinterlassene Papiere eines lachenden Philosophen, in neuer Anordnung hrsg. von Karl Martin Schiller, 12 Bde., Leipzig 1927.

20 Karl Julius Weber (Demokritos): Krieg, Menschheit, Zeitungen. In: Karl Kraus: Die Fackel, Jg. XXIV, Nr. 601–607, November 1922, S. 68–73.

21 Die jüngste: Karl Julius Weber: »Demokritos« oder hinterlassene Papiere eines fahrenden Philosophen, hrsg. von Friedemann Schmoll, Tübingen 2010 (Eine kleine Landesbibliothek, Bd. 15).

lieren. Er war nicht nur ein leidenschaftlicher Büchersammler und -leser (und also biblioman), sondern auch ein ebenso leidenschaftlicher Schreiber (und also auch grafoman). Er hat zweifellos ausgiebig exzerpiert, vielleicht auch Zettelkästen angelegt, in denen er die einschlägigen Stellen zu den jeweiligen Kapiteln des »Demokritos« oder zu den Zielen seiner Deutschlandreisen zusammenfasste. Dass er Tagebuch geschrieben hat, erwähnt er selbst verschiedentlich.[22] Darüber hinaus besaß er ein gutes Gedächtnis und ein feines Sensorium für brauchbare Stellen: »Kein Buch ist so schlecht,« heißt es im »Demokritos«, »woraus man nicht etwas lernen, oder wobei man nicht auf etwas verfallen könnte, das nicht darin steht. Ich habe mir in der Langweile großer Städte aus Leihbibliotheken eine gar nicht üble Sammlung gemacht, brauchbare Gedanken, Redensarten und Wörter aus unbrauchbaren, geistlosen Büchern, und aus den ernstesten Büchern oft die komischsten Ideen geholt.« (VI, 68)

Weber war ein »Quer- und Durcheinanderdenker«,[23] seine Art zu denken ist sprunghaft; selten bleibt er lange bei einem Gegenstand, bei einem Gedanken. Die im Untertitel genannten »hinterlassenen Papiere« sollen wohl dieses Kleinteilige und Ungeordnete des Großwerks bezeichnen, denn Webers literarische

---

22 Vgl. Karl Julius Weber: Deutschland (wie Anm. 4), Bd. 1, S. IX; Tagebücher sind auch seine Reiseberichte aus Paris (Sämmtliche Werke, Bd. 30) sowie aus Holland und Berlin (Sämmtliche Werke, Bd. 28, S. 85–160).

23 Vgl. den Beitrag von Friedemann Schmoll in diesem Band.

Formen sind trotz des Riesenentwurfs, der dem »Demokritos« zugrunde liegt, die kleinen – Aphorismus, Aperçu, Anekdote, Apophtegma, Sentenz, Maxime oder Bonmot –, die er zu etwa gleich langen essayartigen Kapiteln arrangiert, mit denen er sein Thema eher umkreist als durchdringt. Durch Webers Verfahren der Montage und Aneinanderreihung (dass der »Demokritos« nur aus »aneinandergereihten Anekdoten« bestehe, monierte schon der Rezensent der »Blätter für literarische Unterhaltung«[24]) entsteht ein Zitat- und Ideenstaccato, bei dem der Zusammenhang zwischen den einzelnen Einfällen weniger argumentativ hergestellt wird als assoziativ. Eine Passage aus Webers Kritik der Romane mag sein Verfahren exemplarisch verdeutlichen:

»Das Dienstmädchen wird nach dem Lesekabinett geschickt, etwas Schönes zu holen; sie verlangt Feuer und Schwert, und der Bibliothekar weiß schon, daß Körners Leyer und Schwert gemeint ist; es fehlt nicht an Abwechslung; unsere Romanfabrikanten, die ohne Romane Schwefelhölzchen handeln müßten, beschämen das Sprüchwort, daß aus zehn Büchern das elfte werde; sie machen aus zehn wenigstens wieder zehn neue, sie drucken und drucken, denn die Deutschen haben ja die Buchdruckerkunst erfunden; Romane gehen ab wie warme Semmel; man kann sie

---

24 [Rez. zu:] Democritos, Bd. 5 und 6, Stuttgart 1835/36. In Blätter für literarische Unterhaltung, Nr. 4 vom 4. Januar 1837, S. 16

lesen, ohne dabei denken zu müssen; sie sind Basedows Zuckerbuchstaben, die den Kindern das Lesenlernen erleichtern sollten, und schöne Kinder wollen ja Alles ohnehin auf dem süßesten Wege haben; die Ostermesse kommt.« (VI, 41)

Der Einstieg ist unvermittelt und knüpft zunächst nicht an den Gedanken am Ende des vorigen Absatzes an: Statt Kritik am Literaturbetrieb seiner Zeit und der Flut schlechter Romane folgt ein Wortspiel über den Titel einer Gedichtsammlung, nicht eines Romans; der Teil nach dem Semikolon passt nicht zum Anfang des Absatzes und auch nicht zum weiteren Fortgang, denn da ist nicht von »Abwechslung« die Rede, sondern von stupider Gleichförmigkeit. Die Bemerkung, die Deutschen hätten die Buchdruckerkunst ja erfunden, suggeriert (wohl scherzhaft), sie würden deshalb so viel drucken, es geht in dem Kapitel aber nicht um Erfinderstolz, sondern um die Entfernung von diesen Wurzeln. Die nächsten beiden Hauptsätze (»Romane gehen ab wie warme Semmel« und »man kann sie lesen, ohne dabei denken zu müssen«) stehen wieder völlig isoliert. Auch der nächste Einfall (mit »Basedows Zuckerbuchstaben«) scheint nicht recht zu passen und bleibt dunkel (sind die schlechten Romane wie Zuckerbuchstaben? und was soll dann mit ihnen gelernt werden?); der letzte Teilsatz schließlich ist fast völlig unverständlich und scheint nur auf eine drohende neue Menge von Romanen zur nächsten Buchmesse zu verweisen.

Beispiele wie dieses, in denen Angelesenes, Anekdotisches, Halbdurchdachtes und komische Einfälle einigermaßen zusammenhanglos hintereinander stehen, lassen sich bei Weber zahlreiche finden. Man hätte sich auf dem Weg von der Bibliothek zum eigenen Text ein planvolleres Vorgehen und eine strenge Durcharbeitung von Gelesenem und Gedachtem gewünscht. Das ist Webers Stärke indes nicht. Das Reizvolle, ja das Großartige an Webers »Demokritos« (Ähnliches gilt für die Reisen) liegt woanders. Den Vorzügen von Webers Werk soll daher der letzte Abschnitt dieses Beitrags gelten.

VI   Erfahrung und Beobachtung

Weber war mehr als nur ein bibliomaner Grafoman, ein Textmensch, der Gelesenes in Geschriebenes umwandelt. Obwohl er sich selbst zum Hagestolz und Büchernarren stilisierte, kaum Kontakte zum literarischen Betrieb seiner Zeit hielt und sich an einen Ort, der weit entfernt von den kulturellen Zentren liegt, zurückgezogen hatte, war er kein Stubengelehrter (dem er ein schönes Kapitel widmet: »Die Gelehrten überhaupt«: XI, 127–149). Im Gegenteil: Immer wieder trieb es ihn weg von seinem Rückzugsort, machte er sich zu längeren Reisen auf. Offenbar hatte er ein Bedürfnis nach Anschauung und nach Erfahrung – nach Wirklichkeit als einem Gegengewicht zu seinen einsiedlerischen Lektüren. Er war, das wird in seinem Werk deutlich, ein neugieriger Mensch.

Dabei richtete sich seine Neugierde weniger auf den einzelnen Menschen, als auf das Allgemein-Menschliche in seinen Erscheinungsformen (Leidenschaften, Sitten, Gebräuche). Sein strenger Bruder nennt Weber einen »*Weltling*«, der in seiner Zeit als Hofmeister am Genfer See und durch seine Teilnahme am Rastatter Kongress »zuviel von französischer Frivolität in Grundsätzen und Sitten« sowie »zuviel Hang zu einem freien und großen Weltleben«[25] angenommen habe. Das scheint zu seiner Vorliebe für die französischen Schriftsteller, Chronisten und Aphoristiker des 18. Jahrhunderts zu passen, die das zugespitzte und treffende Bonmot kultiviert haben. Indes: Webers Gegenstand ist das Komische und am Weltleben interessiert ihn so vor allem seine Fallhöhe, die Punkte, an denen das Ernste ins Komische kippt. Viel lieber hält er sich ohnehin beim Niederen auf, wo das Komische traditionell zuhause ist – am eindrucksvollsten in den drei Kapiteln, die er fast an das Ende des »Demokritos«, vor die beiden Kapitel über den Tod, setzt: »Die Zoten« (XII, S. 180–206), »Die Zweideutigkeiten« (XII, S. 207–216) und »Das Kapitel Pfui« (XII, S. 217–233), das fast ausschließlich den komischen Wirkungen des Furzens gewidmet ist. Auch hier liefern ihm seine Bibliothek wie seine Erfahrung reichhaltigen Stoff.

Sich selbst nimmt er nicht aus, wenn es darum geht,

---

25 [Heinrich Benedikt Weber:] Carl Julius Weber, geschildert nach seinem Leben (wie Anm. 8), S. XXII.

bestimmte Phänomene durch anstößige Details zu illustrieren. Anlässlich von Überlegungen zur Literatur der Empfindsamkeit und zu den Wirkungen, die Goethes ungeheuer populärer Roman »Die Leiden des jungen Werthers« (1774) in Webers Jugend auf seine Leser ausgeübt hat, erinnert er sich:

»Ich habe die Zeit unserer Empfindsamkeit durchlebt, jedoch die Sache nicht weiter getrieben, als daß ich Werthers dunkelblauen Frack, verbessert durch himmelblauen Kragen, gelbe Weste und Beinkleider mir anlegte, und die Ehre hatte, daß mein Anzug Uniform aller Primaner wurde; beim Abschied von Lotte erbat ich mir ihre Busenschleife, und mein Taschentuch, das einst ihr Nasenblut färbte, bewahrte ich ungewaschen, bis es einst meine Mutter, mir unbewußt und unbekannt mit dem hohen Werthe, reinigte.« (IX, 135)

Es wäre ein Leichtes gewesen, das blutgetränkte Taschentuch – ein Detail, das selbst robustere Leser ekelerregend finden könnten – zu verschweigen. Aber gerade anhand dieses Taschentuchs wird das Jugendlich-Unreife und Kränkliche der empfindsamen Mode, die Weber kritisiert, sehr anschaulich gemacht. Seine Überlegungen zu einem zunächst literarischen Phänomen werden – auch indem er sich selbst an die Position Werthers setzt – ins Weltlich-Reale übertragen und durch eigenes Erleben illustriert.

Webers Vorgehen gleicht sich in den einzelnen Kapiteln und Abschnitten des »Demokritos« und bei den einzelnen Stationen seiner Deutschland-Reise: Zunächst wird Bücherwissen vermittelt – Geschichte und Statistik im Deutschland-Buch, Wiedergabe oder Referat einschlägiger Stellen aus der Weltliteratur im »Demokritos«. Die Grundlage dafür liefert Webers riesige Bibliothek. Weber kommentiert diese Passagen in der Regel nur sehr zurückhaltend. Erst im Anschluss daran zeigt sich, dass er trotz aller Zitathaftigkeit ein passionierter Ich-Sager ist. Es ist seine Erfahrung, es sind seine Erinnerungen, mit denen er das aus seiner Lektüre Gewonnene ergänzt und anreichert: »Ich habe zwar auch viel gelesen – das ist etwas Gewöhnliches – aber doch mehr noch selbst gesehen, als gelesen«.[26] Weber ist die Instanz, die Buch, Welt und Ich zu einer Einheit zusammenfügt. Der »Demokritos« kann daher auf verschiedene Arten gelesen werden: als ein Anekdoten- und Zitatenschatz, als eine Anthologie des Komischen in einer sinnfälligen Anordnung, als eine Sammlung von Weisheiten und Erfahrungen der Weltliteratur und Webers selbst, als »Memoranden- und Tagebuch seines innern Lebens«,[27] wie es der Bruder nennt, schließlich lässt sich aus diesem großen und großartigen Buch auch die Geschichte von Webers äußerem Leben, seine Biografie destillieren. Der Verfasser all dieser verschiedenen Bücher, die der

---

26 [Karl Julius Weber:] Deutschland, oder Briefe eines in Deutschland reisenden Deutschen (wie Anm. 4), Bd. I, S. X.
27 [Heinrich Benedikt Weber:] Carl Julius Weber, geschildert nach seinem Leben (wie Anm. 8), S. LXVIIf.

»Demokritos« in sich vereint, ist Karl Julius Weber, der Bücherleser und Lebensschreiber, Aneigner und Verknüpfer, Weltmann und Menschenfreund, Wahrheitssucher und Weisheitsfinder.

Martin Blümcke

Karl Julius Weber lernt in der Lateinschule und im Gymnasium

»Im Ganzen hatte ihn aber die Natur nicht stiefmütterlich behandelt. Die hatte ihm zwar keinen hohen Wuchs, noch vorzügliche Körperkraft, doch eine gediegene und feste Leibes-Constitution gegeben; ein Mittelmaß physischer Größe und Stärke, das für seine Lebensverhältnisse und Zwecke wohl ausreichte. Seine Physiognomie war regelmäßig und ausdrucksvoll, nur vorzüglich in seinen spätern Jahren durch ein zu starkes und angestrengtes Geistesleben sehr gespannt und zu scharf markirt. Eine hohe Stirn, eine spitzig auslaufende Nase, ein fein gebildeter, zu spöttischem Lächeln stets bereiter Mund, feurige braune Augen, und eine gewöhnlich sehr lebhafte und starke Stimme ließen den kräftigen und feurigen Geist Webers leicht errathen. Diese Geistesenergie sprach sich auch schon in seinen Knabenjahren mit zunehmender Entschiedenheit aus.«[1]

So schreibt Heinrich Benedikt Weber, der zehn Jahre jüngere Bruder und erfolgreiche Jurist in württembergischen Staatsdiensten, in seiner Biografie, die

---

[1] Carl Julius Weber, geschildert nach seinem Leben, eigenthümlichen Wesen und schriftstellerischen Wirken. In: Carl Julius Weber's sämmtliche Werke. Bd. 1, Stuttgart 1834, S. VII-LXXII, hier S. Vf.

den »Sämmtlichen Werken« ohne die Nennung seines Namens vorangesetzt ist. Weiter führt er aus: »Er faßte schnell und richtig auf, lernte leicht und viel, zeigte sich lebhaft und gewandt in der Schule wie außer derselben, so daß er in seinem Vaterstädtchen sehr bald für einen der vorzüglichsten Schüler und überhaupt für einen besonders hoffnungsvollen, gescheidten und geschickten Knaben galt. Er besuchte die deutsche und dann die lateinische Schule daselbst bis zu seinem fünfzehnten Jahre.«[2]

Die Reformation und das Bemühen um Schulbildung gehören zusammen, sowohl aller Untertanen in deutschen Schulen als auch der Begabten in Lateinschulen und Gymnasien. Der Langenburger Hofprediger und Kirchenhistoriker Johann Christian Wibel (1711-1772) hat im Jahre 1750 eine handschriftliche Chronik der örtlichen Schul- und Kirchenverhältnisse verfasst und darin überliefert, dass 1579 in Langenburg eine Schulordnung verfertigt worden ist.[3] Zuletzt ist diese 1729 erneuert und verbessert worden. Als Lehrer werden oft die Diakone, also der Hilfspfarrer, sowie ein zweiter Präzeptor und der Kantor, der auch als Organist tätig war, genannt.

Nach der Schulordnung soll alle Wochentage sechs Stunden Schule gehalten werden, vom 1. April bis

2 Wie Anm. 1, S. VI.
3 Johann Christian Wibel: Langenburgische Acta Ecclesiastica, 1750, Original und Reinschrift je ein Band, hschr. im evangelischen Pfarramt Langenburg, Hofprädikaturbibliothek Langenburg.

Michaelis von 7-10 Uhr, im Herbst und Winter von 8-11 Uhr, nachmittags immer von 12-3 Uhr. Mittwoch und Samstag nachmittags: »vom Lernen Vacanz.« Dann heißt es auch: »Im Übrigen ist die Schulstube allzeit reinlich zu halten, und nichts von Hünern oder anderen GeflügelWerk zu dulten.« Das bezieht sich darauf, dass früher wohl im Hause des Präzeptors unterrichtet wurde.

Zu Schulbeginn sind Gebet und Gesang geboten. Einmal oder zweimal die Woche sollen aus dem Kopf biblische Sprüche oder kurze Briefe zu Papier gebracht werden. Dazu war es nötig, dass die Lateinschüler auch mit Federn, Tinten und Büchern versehen waren. Der Lehrer schrieb mit Kreide an die Tafel. Ganz wichtig waren das Lesen und Auswendiglernen, das »unsinnige Auswendiglernen«, wie es Karl Julius Weber bezeichnet hat. Die Hauptlektüre war die Bibel, auch in lateinischer und griechischer Sprache. Neben vielen Bibelstellen musste Luthers Kleiner Katechismus, mussten Gesangbuchlieder und vor allem Psalmen hergesagt werden. In den sonntäglichen Kirchenlehren waren es 85 an der Zahl, bei denen »die schwach Gedächtnis haben«, immerhin noch 60. Zu Hochzeiten und Begräbnissen sang ein Knabenchor, dem auch Weber angehörte und der zur Belohnung einige Kreuzer oder – von den Ärmeren – einige Eier erhielt.

Die »Züchtigung mit der Ruthen« war üblich, in der Schulstube herrschte der Stock, Schläge auf den Hintern, Backenstreiche und Bärentatzen waren gang und gäbe. Man solle den Stock »manirlich« brauchen, empfiehlt die Schulordnung, man solle auch nicht an den Haaren ziehen oder »um die Köpfe schlagen«.[4] »Diese Schul-Leges und Statuta« waren auf einer Tafel festgehalten, die in der Schule hing. Zweimal im Jahr wurden sie den Schülern »von Anfang biß zu Ende laut abgelesen«.

Lehrmittel waren nur wenige vorhanden. Ein Atlas mit 21 Karten, eine Grammatik und ein Wörterbuch für Latein, ebenso Aesops Fabeln, Vitae Cornelii Nepotis, Epistulae Ciceronis, eine Anleitung der altgriechischen Sprache, eine Bibel in Folio-Format und Berckenmayers Anleitung zur Universal-Historie. Aus dem Jahre 1700 ist ein Stundenplan des Präzeptors in der Langenburger Lateinschule überliefert.[5] Hier als Beispiel der Plan für Montag und Donnerstag. 1. Stunde: Hersagen der Psalmen und Lesen in der Bibel. 2. Stunde: Verbesserung des Schriftlichen und Übungen. 3. Stunde: Vokabeln Lernen und lateinische Grammatik. Die drei Stunden am Nachmittag sind gefüllt mit Singen, mit dem Lesen von Ciceros Briefen, mit dem Hersagen des Katechismus, mit dem Korrigieren der Hausaufgaben und Arithmetik.

Die Lateinschule im Steinhaus bei der Langen-

---

4 Wie Anm. 3, Folio-Seite 145, Rückseite.
5 R.: Als man noch bescheiden die Elementaria lehrte. Mustergültige Schulordnungen vergangener Jahrhunderte. In: Frankenspiegel. Beiträge zur fränkisch-hohenlohischen Heimatgeschichte, zusammengestellt aus den Heimatbeilagen des Hohenloher Tagblatts 1952/53, S. 198f., Gerabronn 1953.

burger Stadtkirche zählte 1773 sieben Schüler, die vierteljährlich Schulgeld zu zahlen hatten. Ein Lehrer des jungen Weber war der Kantor und Präzeptor Augustin Tobias Bach (1741-1789). Dieser Großneffe von Johann Sebastian Bach stammte aus dem Städtchen Ohrdruf in Thüringen, wo das Haus Hohenlohe dank einer Erbschaft seit 1631 die Grafschaft Obergleichen besaß. Der Kantor Bach hatte in Göttingen evangelische Theologie studiert und versah in Langenburg neben dem Lehramt auch den Organistendienst.[6]

Webers Religionslehrer und Begleiter zur Konfirmation war der gebürtige Langenburger Pfarrerssohn Georg Friedrich Koch (1725-1799), Sohn des dortigen Diakons und ersten Präzeptors Johann Ernst Koch.[7] Er hatte in Wittenberg und Erlangen evangelische Theologie studiert, wurde Pfarrer in Billingsbach und folgte 1772 in seiner Heimatstadt Johann Christian Wibel als Hofprediger und Consistorialis. Dieser lutherisch-orthodoxe Glaubensmann lehnte den Pietismus ebenso ab wie den Rationalismus; 1782 hat er zusammen mit dem Forchtenberger Pfarrer Kern das »Hohenlohische Gesangbuch« herausgegeben. Im zweijährigen Konfirmandenunterricht rieb sich der Hofprediger mit dem aufgeweckten und streitsüchtigen Karl Julius Weber. Der Katechismuslehrer »stampfte bei meinen Ein-

---

6 Gottfried Simpfendörfer: Bachs Verwandte in Hohenlohe. Evangelisches Gemeindeblatt Württemberg 1985 Nr. 26, S. 10.

7 Baden-Württembergisches Pfarrerbuch. Band 2: Württembergisch Franken. Teil 1: Die Pfarreien, bearb. von Max-Adolf Cramer, Stuttgart 1985, S. 75ff.

würfen gegen den Teufel mit seinem Kamaschenfuß die Erde, schüttelte seine Wolkenperücke, wie Jupiter seine Augenbrauen, und nannte mich ein Teufelskind, das er nicht confirmirt haben wolle.«[8]

Um den renitenten Karl Julius zu zähmen und zu beherrschen, dachte sich der Hof- und Stadtprediger Koch für den Konfirmandenunterricht etwas Unglaubliches aus, »ein Fragbüchlein voll dogmatischen Sauerteigs [...]. Dieses Fragbüchlein, das Weber selbst auch abschreiben mußte, enthielt 958 Fragen und Antworten, die vor der Confimation auswendig zu lernen waren! Auch diese Urkunde aus seiner Knabenzeit bewahrte er bis in sein Alter, und hatte ihr, neben der Bibel, den obersten Platz in seiner Bibliothek eingeräumt.«[9]

Fast beiläufig war der Unterricht »in der Rechenkunst«. »Das Rechnen lernte ich von einem Nachbar Schuhmacher, der solches mit wahrer Liebhaberei trieb; noch habe ich sein Rechenbuch schön abgeschrieben von meiner Hand in Quart 1781. Viele Beispiele sind aus der Bibel, mehrere Reime z. B. bei der Multiplication:

Wer im Vermehren will geschickt und fertig seyn
der memorire wohl zuvor das Einmalein.«[10]

---

8 Wie Anm. 1, Stuttgart 1838, Band 18, Democritos oder hinterlassene Papiere eines lachenden Philosophen, Bd. 3, S. 259f.

9 Wie Anm. 1, S. VI.

10 Carl Julius Webers sämmtliche Werke. Band 18, Stuttgart 1838, Democritos oder hinterlassene Papiere des lachenden Philosophen, Bd. 3, S. 201.

Dieser Nachbar »versetzte mit dem kommenden Frühling seine Werkstatt nach der Tenne seines Häuschens, und sich nach vollendetem Tagwerk auf sein Waschhäuschen vor der Thür, rauchte seine Pfeife und erzählte uns Knaben Schnacken. Und welche Freuden gewährten die vier hohen Zeiten? wenn ich auf dem Heu- oder Kornwagen ins Städtchen fuhr, die Obst- und Weinlese begann, und zwischen hinein auch die Küh hütete, wenn die Viehmagd pressantere Geschäfte im Wirthshause abzumachen hatte? und wenn der erste Schnee fiel, das Schwein zum Letztenmale seine Cantorsgurgel anstrengte und das Christkindlein das Ganze krönte?«[11]

Nach den Aussagen seines Bruders Heinrich Benedikt Weber machte Karl Julius in den alten Sprachen »ungewöhnliche Fortschritte« und interessierte sich in den »noch sparsam gelehrten Realfächern« besonders für Geschichte und Geografie. Hinter dem Rücken seines eher geizigen Vaters erwarb er sich »aus einer eigenen kleinen Sparkasse« nach und nach eine fast vollständige Sammlung von Landkarten – aus dem Nürnberger Verlag Homann, die Karte zu 12 Kreuzer – und »bereits allerlei Reisebeschreibungen«.[12] Eine Grundlage für seine Reiselust und für sein vierbändiges Deutschlandbuch war gelegt. Ohne Wissen von Vater und Lehrern las er schon »Robinson«, im Gegensatz

---

11 Wie Anm. 10, Band 26, Stuttgart 1840, Democritos, Bd. 11, S. 65.
12 Wie Anm. 1, S. VIf.

zur Schulordnung, die vorschrieb: »so viel die Pflanzung der Gottesforcht bey den Schul-Kindern anbelangt, so soll insgemein nicht gestattet werden, ärgerliche, weltliche Bücher oder unnütze Fabel-Schriften zu Ihrem Lesen zu gebrauchen.«[13]

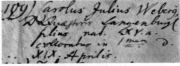

Eintrag der Aufnahme von Carl Julius Weber 1782 in das Öhringer Gymnasium:

Carolus Julius Weberus – Quaestoris Langenburg – filius, nat. (= natus) XV a. (= annos) – collocatur in 1mam (= primam) d. (= die) - XIX. Aprilis –
Carl Julius Weber, der Sohn des Langenburger Quaestors (hier: Haushofmeisters), fünfzehn Jahre alt, wird in die Prima am 19. April eingeschult.

Nach Ostern 1782 meldete Webers Vater seinen bald fünfzehnjährigen Sohn Karl Julius in der Langenburger Schule ab und reiste mit ihm – zu Fuß, hoch zu Ross oder mit der Kutsche – nach Öhringen, der größten Stadt in den sechs hohenlohischen Fürstentümern und seit alters her Sitz eines Gymnasiums. Dort wurde er von dem Rektor Franz Karl Eggel (1733-1801, Rektor seit 1771) geprüft und wegen seiner exzellenten Kenntnisse im Gymnasium, das im Stiftsgebäude über den Kreuzgang bei der Stadtkirche untergebracht war, sogleich in die oberste Klasse, in die Prima, aufgenommen, in der er dreieinhalb Jahre blieb. Im Archiv des Hohen-

---

13 Wie Anm. 3, Folio-Seite 143, Rückseite.

lohe-Gymnasiums liegt ein »Album Scholasticum Lycii Oringensis, Coeptum Anno Christi MDCCLXXX«, ein Verzeichnis der Schüler, 1780 begonnen. In diesem Band ist unter der Nr. 109 am 19. April 1782 Webers Aufnahme notiert. Der Vater besorgte nach der Prüfung für seinen Sohn um 80 Gulden im Jahr Kost und Logie bei einem – wohl pensionierten – Landpfarrer.

Im Öhringer Chorherrenstift gab es für den theologischen Nachwuchs schon im hohen Mittelalter eine Schule, denn 1234 ist ein Schulmeister Otto scholasticus bezeugt. Erst recht spät, in den 1540er-Jahren und dann offiziell am 10. September 1556, wird in der Grafschaft Hohenlohe die Reformation eingeführt und das Öhringer Stift aufgehoben. Martin Luther hatte in seiner Schrift »An den christlichen Adel deutscher Nation« 1520 geraten, die Klöster in gehobene Schulen umzuwandeln. Dem folgten die Grafen, entließen Pfingsten 1546 den alten Schulmeister und beriefen mit Johannes Ruthenus einen evangelischen Theologen als Leiter des Gymnasiums. Dessen Schulordnung von 1582 galt fast 250 Jahre lang bis 1811, als der württembergische König Friedrich das Öhringer Gymnasium – wie auch alle anderen außerhalb von Stuttgart – zur dreiklassigen Lateinschule mit zusätzlicher Realklasse degradierte.

Über das Hohenlohe-Gymnasium sind wir gut unterrichtet, und zwar durch den ehemaligen Öhringer Studiendirektor Walter Rößler[14] und durch die Dissertation

---

14 Walter Rößler: Das Hohenlohe-Gymnasium. In: Württem-

des Historikers Wolfram Fischer.[15] Die Schule war in fünf Klassen gegliedert, bei den Prüfungen im Frühjahr und im Herbst wurde man versetzt oder nicht. Alle Lehrer, ob Rektor oder Präzeptoren, waren ausgebildete Theologen mit mehr oder weniger pädagogischem Geschick. Körperliche Züchtigungen waren selbstverständlich, zum Glück aber waren Prügellehrer nicht die Regel.

Wie in der Lateinschule gab es morgens und nachmittags je drei Stunden Lehre, insgesamt also dreißig Stunden. Im Sommer begann der Unterricht um 6 Uhr, im Winter um 7 Uhr. Da Latein nicht nur ein Fach war, sondern – so schnell wie möglich – die Unterrichtssprache im Gymnasium, gab es in der Mehrheit der Stunden Grammatik, Rhetorik, Dialektik und die ausführliche Lektüre antiker, vor allem römischer Autoren. Kein Wunder, dass Karl Julius Weber in seinen Schriften unablässig lateinische und sogar griechische Zitate einbringt. Sechs Stunden in der Woche waren dem Griechischen und der Lektüre des Neuen Testamentes in dieser Sprache vorbehalten. Musik – vor allem Singen – und Religion hatten auch ihren festen Platz. Gottesdienste und Singen gehörten selbstverständlich zusammen. Obligatorisch waren unter der Aufsicht der Lehrer Gottesdienste am Freitag- und Samstagmorgen

bergisch Franken, Jahrbuch des Historischen Vereins für Württembergisch Franken, Band 80, Schwäbisch Hall 1996, S. 7-63.
15 Wolfram Fischer: Das Fürstentum Hohenlohe im Zeitalter der Aufklärung. Tübinger Studien zur Geschichte und Politik, hrsg. von Hans Rothfels, Theodor Eschenburg und Werner Markert, Nr. 10, Tübingen 1958.

und natürlich am Sonntag, und zwar vor- und nachmittags, bei denen die Gymnasiasten mit einem unteren und einem oberen Chor mitwirkten. Kein Wunder, dass Weber die körperliche Bewegung in seiner Schulzeit vermisst, und in seinem »Democritos« den Unterschied zum griechischen Gymnasium kritisierte.

Deutsch lernte man durch die Übersetzungen der alten Sprachen. Schon 1777 schlug Rektor Eggel vor, eine Stunde für deutsche Dichtung zu ermöglichen. 1783 ist dann in den Lehrerberichten von »Übungen zur deutschen Poesie« die Rede. Dabei sollten Johann Christoph Gottscheds Schriften die Leitschnur sein.[16]

Das methodische Muster beim Unterricht war immer dasselbe: Vorsprechen und Vorlesen der Lehrer und Nachsprechen und Nachlesen der Schüler. Das endete im auswendigen Aufsagen und im Beherrschen der Texte. Nach 1700 gab es auch »Vorlesungen« in Mathematik, später auch in Physik, sowie Philosophie. Geschichte war damals biblische und antike Vergangenheit, Rektor Eggel empfahl wöchentlich eine Stunde neue Geschichte – zum Beispiel Karl der Große und die Staufer – sofern die Zeit reiche. Geografie beinhaltete Erd- und Länderkunde und wurde gelehrt. »Im letzten Viertel des 18. Jahrhunderts hatte sie einen festen Platz im Lehrplan, soweit es in diesem neuen Fach überhaupt noch freie Plätze gab.«[17]

16 Wie Anm. 15, S. 161.
17 Wie Anm. 15, S. 21.

Zur Zeit Webers war das Französische die Weltsprache. Dem musste auch das humanistische Gymnasium Rechnung tragen und diese lebendige Sprache im Unterricht anbieten. Im Jahr 1719 wurden ein Tanzmeister und ein französischer Sprachmeister angestellt. Zu Webers Zeit hieß dieser Sprachmeister – so die Bezeichnung für Lehrer ohne akademische Ausbildung – Karl Friedrich Wild. In drei Stufen – untere, mittlere und obere – vermittelte er die Fremdsprache. Der Unterricht war an das übliche Tableau nachmittags angehängt. Obwohl Wild schlecht beurteilt wurde – laut Rektor Eggel »fehlt ihm Ordnung und Methode«[18] – blieb er 44 Jahre in seinem Amt: von 1758 bis zu seinem Tod im Jahr 1802. Weber überliefert in seinen biografischen Einschüben nichts über den Lehrer Wild, aber Walter Rößler stellt fest: »Immerhin konnte ein Schüler wie Karl Julius Weber bei seinem Abgang einen Vortrag in französischer Sprache halten.«[19]

»Übrigens war für jene Zeit dieses Gymnasium hinsichtlich der Lehrer und der Anordnung der Lehrfächer gut bestellt, und namentlich der obersten Klasse stand ein sehr eifriger, zum Schulmann geborener, und besonders in den alten Sprachen richtig gebildeter Lehrer vor. So konnte es denn nicht fehlen, daß Weber, bei einem ausgezeichneten Talente und Fleiße, während seines dreijährigen Aufenthalts an diesem Gymnasium,

---

18 Wie Anm. 15, S. 161.
19 Wie Anm. 14, S. 20.

die glücklichsten Fortschritte in allem, seinen Jahren angemessenen Sitten machte, und in mehrfachen Richtungen eine feste Basis für seine nachherige umfassende Bildung gewann. Er schwang sich bald zu einem der ersten Plätze seiner Klasse auf, und verband mit stets fleißiger Lösung seiner Schulaufgaben auch schon ein eifriges und planmäßiges Privatstudium; [...] Gute geographische und historische Schriftsteller, unsere damals am meisten gefeierten deutschen Dichter und Philosophen, wie Gleim, Uz, Kleist, Klopstock, Göthe, Engel, Mendelsohn, Feder, Platner u. A. zogen ihn da schon so lebhaft an, daß er sich, mit Beschränkung seiner andern Bedürfnisse, ihre Schriften selbst anschaffte und damit zu seiner spätern großen Büchersammlung den Anfang machte, schon ein Büchernarr, wie er sich nachher öfters selbst nannte, zu werden anfing.«[20]

Webers zwölfbändiger »Democritos«, sein gedankliches Vermächtnis, ist durchsetzt mit biografischen Belegen und Erinnerungen, »[...] und wenn ich noch hinzunehme, daß mich schon im fünfzehnten Jahr Dominus Rektor, als ich von einer Trivialschule, deren Lehrer ich liebte, auf das Gymnasium kam, und im weiten Auditorio bei seinem Aufruf ihm lächelnd entgegensprang, um zwei Kreuzer strafte. ›Das schickt sich nicht für einen Primaner!‹ So muß ich mich über mich selbst wundern, daß ich nicht ernster geworden bin.«[21]

---

20 Wie Anm. 1, S. VIIf.
21 Wie Anm. 10, Bd. 16, Stuttgart 1839, Democritos, Bd. 1, S. 81.

Sein Lehrer in der Prima war der Pfarrer und Rektor Eggel, ein tüchtiger Lehrer, seinem Fürsten Ludwig Friedrich Karl von Hohenlohe Öhringen (1723-1805, er regierte sein Ländchen seit 1765) diente er treu und redlich. Der Fürst, stets um sein Gymnasium besorgt, schickte seinen Rektor 1781 als seinen Vertreter zu Herzog Karl Eugen von Württemberg, als in Stuttgart die Hohe Karlsschule eingeweiht wurde. Zu Reformen im Unterricht waren weder der Fürst noch der Rektor fähig, auch wenn Eggel zum Beispiel Vorlesungen von Ärzten und Juristen einführte, um seine Schüler fürs Studium vorzubereiten.

Weber nennt nie den Namen Eggel, er spricht nur vom Rektor oder vom Dominus Rektor. Er setzte unter dessen Arbeiten bene (gut) perbene (sehr gut) oder gar neque ipsum tuderet (ich selbst würde mich nicht schämen, es geschrieben zu haben). Sicher haben sich Lehrer und Schüler gegenseitig geschätzt, zumal Karl Julius ein fleißiger und blitzgescheiter Kopf war. »Die Hochachtung, die wir als Schüler für die Alten (Anmk.: Autoren) haben, ist bloß angelehrt und wird erst, wenn wir uns durchs Leben entwickeln, gefühlte Achtung.«[22] Dann fährt Weber fort, dass man eben Latein lernen musste, dass die Lehrer aber nicht einmal richtig Deutsch konnten und die deutschen Klassiker nicht kannten. »Ich hatte auf dem Gymnasium Verdruß davon, daß ich äußerte: ›Vom Rector lasse ich

---

22 Wie Anm. 10, Bd. 16, Stuttgart 1838, Democritos, Bd. 1, S. 398.

mir mein Griechisch und Latein gerne corrigiren, aber nicht mein Deutsch, das verstehe ich besser.‹«[23] Das wurde dem Rektor hinterbracht und führte zu einer Auseinandersetzung.

Dominus Rektor hatte bald Gelegenheit, seinem Schüler und dessen Ghostwriter eines auszuwischen. Er hatte den Primanern einen Hausaufsatz aufgegeben »Ueber den Abfall der Nordamerikanischen Colonien«, also der Freiheitskampf der Amerikaner gegen die englische Krone. »Ich las, 14-15 Jahre alt, Griechen und Lateiner und deutsche Dichter – aber noch nicht einmal Zeitungen, gab's meiner Dummheit Schuld, daß ich mir weder zu rathen noch helfen wußte, mein Kostherr, ein gutmüthiger Prediger, merkte meine Niedergeschlagenheit, ich berichtete, und er versprach mir zu helfen. ›Genießen sie ruhig ihre Ferien.‹ Er dictirte mir die ganze Abhandlung in die Feder, ich übergab sie, und nach einigen Wochen fragte er: ›Nun, wie ist es gegangen?‹ Statt der Antwort holte ich die corrigirte Abhandlung, an deren Schluß mit rother Tinte stand: ›Dummes Zeug!‹«[24]

Von einem halbjährlichen Examen in Anwesenheit hohenlohischer Prinzen behält Weber in Erinnerung: »daß der Lehrer, der mit meinem Gedächtnis prunkte, […] mich […] die Genealogie der Hohenlohe hersagen ließ, wie die Reihe römischer Kaiser. Wie weit

---

23 Wie Anm. 10, Bd. 18, Stuttgart 1838, Democritos, Bd. 3, S. 200.
24 Wie Anm. 10, Bd. 17, Stuttgart 1838, Democritos, Bd. 2, S. 137.

müßten es gute Köpfe bringen, wenn man sie in den acht bis zehn Schuljahren, wo noch alles frisch und von keiner Leidenschaft zerstreut ist, Sachen – statt Wörter – lehrte!«[25]

Karl Julius Weber konnte fühlen, er konnte auch mitfühlen. Das wird im Folgenden deutlich, wenn er fast liebevoll beschreibt, wie »sein alter Rektor« Eggel nach des Tages Mühen seine Kleidung wechselt, »wenn er Perücke, Mantel und Ueberschlag mit dem Nachtwambs, der Nachtmütze und dem Pfeifchen vertauschen konnte«,[26] das dem Schüler auch wichtig war.

Am 1. Dezember 1782 war Webers Vater unerwartet in Langenburg gestorben. Der noch nicht sechzehnjährige Erstgeborene übernahm die Beratung seiner klugen, aber auch gutmütigen Mutter und die Erziehung seiner drei Geschwister. Sein Bruder leitet aus dieser frühen Verantwortung für die Familie das »herrische und unfügsam Wesen her, welches ihn schon als Jüngling, und noch mehr als Mann charakterisirte«.[27]

Die Scholaren des Öhringer Gymnasiums trugen seit alters her grobwollene blaue Mäntel, d. h. sie mussten sie tragen. Wolfram Fischer meint, »um die schlechte Kleidung der Schüler zu verdecken.«[28] Es war jedoch schon eine Art Schuluniform, um die Träger zum geziemenden Verhalten anzuhalten. Aber

---

25 Wie Anm. 10, Bd. 18, Stuttgart 1838, Democritos, Bd. 3, S. 200f.
26 Wie Anm. 10, Bd. 16, Stuttgart 1838, Demokritos, Bd. 1, S. 184.
27 Wie Anm. 1, S. XI.
28 Wie Anm. 15, S. 164.

der junge Weber hatte Goethes Erstling »Werther« gelesen und ihn verinnerlicht und veräußerlicht: Werthers Kleidung bestand aus einem blauen Frack, gelber Weste und Beinkleidern. »Ich trug solche Kleider auf dem Gymnasium und hatte die Ehre zu erleben, daß es Uniform der Primaner wurde, aber verwechselte sie auf der Universität mit Militäruniform, […].«[29]

Den Gymnasiasten war es verboten, ohne Erlaubnis der Schulleitung die Stadt Öhringen zu verlassen. Ebenso war es ihnen nicht erlaubt, Wirtshäuser und Tanzveranstaltungen zu besuchen. »Mich kostete eine Antwort an einen stolzen Scholarchen (Anmk.: Rektor) auf seine Frage: ›Ist man auch in diesem verdächtigen Wirtshause gewesen?‹ zwölf Stunden Carcer – die Antwort: ›Man ist mitgewesen!‹«[30] In der letzten Gymnasialzeit verehrte Weber eine hübsche und liebevolle Öhringerin, seine Lena oder Lenchen oder à la Petrarca seine Laura.

Nach dreieinhalb Jahren Hohenlohe-Gymnasium endete für Karl Julius Weber mit dem Herbstexamen 1785 die Schulzeit als Zweiter der Klasse in der Rangfolge der Primaner. Nur Karl Andreas Heinrich Meister war vor ihm platziert. »Nach Abschluß eines jeden Examens hielt ein besonders begabter Schüler der Abgangsklasse eine ›Rede‹, vergleichbar den bis in die Gegenwart üblichen Abiturientenvorträgen, die er selbst ausgearbeitet hatte, meist in lateinischer, oft in

---

29 Wie Anm. 10, Bd. 20, Stuttgart 1839, Democritos, Bd. 5, S. 33.
30 Wie Anm. 10, Bd. 22, Stuttgart 1839, Democritos, Bd. 7, S. 353f.

französischer, zuweilen auch in der Muttersprache. Die Durchsicht der Liste der fast immer sehr anspruchsvollen Themen aus dem Gebiet der Theologie, der Philosophie, der Geschichte und – ganz modern – auch dem der soeben aufkommenden Volkswirtschaft lassen etwas erahnen von dem hohen Stand des wissenschaftlichen Unterrichts, den das Gymnasium illustre in der Zeit von 200 Jahren gehabt haben muß.«[31]

Für die Abschiedsrede am 10. Oktober 1785 vor dem Fürsten, den Lehrern, den Mitschülern und wohl auch vor den Eltern wurde Karl Julius Weber ausgewählt. Er redete in französischer Sprache über »Pensées sur la Connexion des belles lettres et de la Philosophie« – Gedanken über das Verhältnis von Literatur und Philosophie. Das ist belegt im Schularchiv »Hohenloici Gymnasii Lectiorum et Disciplinorum Catalogii 1775-1793«. Im Herbst 1785 werden dreizehn Schüler aufgeführt und dann wird notiert: »Musis nostris valedicent Meisterus, Weberus, et Rüdingerus; illi Jurisprudentiae, hic Theologiae studia consecrabunt. Theses Juris naturalis ex scriptio Ciceronis excerptas Meisterus publice defendit; Weberus sermone Gallico Orationem, propio Marte confectam, de Artibus liberalibus cum Philosophia conjugendis scritabit.«[32] Das heißt übersetzt: Von unserer Schule verabschieden sich:

---

31 Walter Schmidt: Aus der jüngeren Vergangenheit des Hohenlohe-Gymnasiums. In: Hohenlohe-Gymnasium Öhringen. Festschrift zur Einweihung des Erweiterungsbaus Mai 1973, S. 29.
32 Mitgeteilt von Stefan Kraut, Künzelsau.

Meister, Weber und Rüdinger. Jene (Meister und Weber) werden sich der Jurisprudenz, dieser (Rüdinger) der Theologie widmen. Meister verteidigt öffentlich Thesen des Naturrechts, die einer Schrift Ciceros entnommen sind. Weber wird eine jüngst im März verfasste Abhandlung erörtern und zwar darüber, wie die Freien Künste mit der Philosophie zu verbinden sind.

Karl Julius Weber wäre nicht er selbst gewesen, wenn er nicht auch seine Abschiedsrede und seinen Abgang von Schule und Stadt ironisiert hätte. »Ein abgehender Primaner sagte in seiner Abschiedsrede: ›Die Welt besteht aus zweierlei Narren, hochzuverehrende Lehrer und werthe Schüler.‹«[33] An seinem 19. Geburtstag, am 21. April 1786, wurde Karl Julius Weber auf der Universität Erlangen immatrikuliert, um die Jurisprudenz zu studieren, die man damals die Rechtswissenschaft nannte.

Der Text von Webers Vortrag ist in diesem Buch abgedruckt. Es ist wohl einmalig, dass ein solches Manuskript auf uns gekommen ist. Sicher hat es Weber – wie das Fragbüchlein des Hofpredigers Koch und das Rechenbuch des benachbarten Schuhmachers – als Erinnerungsstück aufbewahrt. Sein Schwager Ludwig Gottfried Hammer, wohl ein tüchtiger Verwaltungsbeamter, zuletzt württembergischer Oberamtmann in Künzelsau, hat nach Webers Tod am 19. Juli 1832 den Nachlass und die Bibliothek gewinnbringend ver-

---

[33] Wie Anm. 10, Bd. 27, Stuttgart 1841, Demokritos, Bd. 12, S. 22.

marktet. Die Bücher erwarb die Hallberg'sche Verlagsbuchhandlung in Stuttgart (siehe den Beitrag von Stefan Knödler), die auch die nachgelassenen Manuskripte übernahm, die seit 1834 in »Carl Julius Weber's Sämmtlichen Werken« ediert wurden.

Vielleicht sind Webers Abschiedsrede und seine Schulhefte einer öffentlichen Bibliothek übergeben worden. Diese hat dann möglicherweise nach 1871 alles der Straßburger Universitätsbibliothek übergeben, heute die B.N.U.S., Bibliothèque nationale et universitaire de Strasbourg. Das dort aufbewahrte Manuskript 2556 umfasst 27 von Hand beschriebene Blätter und ist kartoniert, d.h. zusammengebunden.

Im deutsch-französischen Krieg 1870/71 hatten im September 1870 badische Truppen die Festung Straßburg belagert und dabei durch Beschuss die im ehemaligen Dominikanerkloster untergebrachte Humanistenbibliothek zu weiten Teilen zerstört. Nach dem Friedensschluss wurde im neuen deutschen Kaiserreich aufgerufen, die Straßburger Bibliothek mit Dubletten und sonstigen Schriften wieder zu komplettieren. Es ist denkbar, dass eine unbekannte öffentliche Bibliothek entsprechend gehandelt hat, es ist bekannt, dass das Preußische Staatsarchiv Königsberg 70.000 Zweitbücher ins Elsass schicken konnte. Vielleicht sind aber auch Webers Texte, die in Straßburg aufbewahrt werden, auf einem anderen Weg dorthin gelangt, vielleicht durch einen Privatmann.

Karl Julius Weber

Pensées sur la Connexion des belles lettres et de la Philosophie

Discours prononcé a l'Examen autumnale
le 10. Oct. 1785[1]

Wie so viele der archivalischen und handschriftlichen Hinterlassenschaften Karl Julius Webers war auch das Manuskript seiner im Oktober 1785 gehaltenen »Abschiedsrede« anlässlich des Schulabschlusses am Öhringer Gymnasium lange Zeit verschollen. In den 1990er-Jahren konnte das Zeugnis von Webers jugendlichem Bildungsdrang in der Bibliothèque nationale et universitaire de Strasbourg ausfindig gemacht werden. Nun nahm der Geschichts- und Kulturverein Langenburg e.V. Webers 250. Geburtstag zum Anlass zu einer Kooperation mit dem Gymnasium Gerabronn. Wie wäre es, wenn Schüler und Schülerinnen des Profilfachs Französisch, die 232 Jahre später ihr Abitur ablegen, sich an einen Übersetzungsversuch wagten? Das Ergebnis wird hier vorgelegt: Erstmalig kommt nicht nur die in französischer Sprache gehaltene Rede zum Ab-

---

1 Ediert nach der Handschrift MS.2.556 der Bibliothèque nationale et universitaire de Strasbourg. Karl Julius Weber: Pensées sur la Connexion des belles lettres et de la Philosophie. Discours prononcé à l'Examen autumnale, le 10 oct. 1785. Die Schreibweise folgt dem Original des handschriftlichen Manuskripts. Die Seitenzahlen wurden in eckigen Klammern eingefügt.

druck, sondern auch die Übersetzung der Gerabronner Schüler und Schülerinnen. Nachdem Französischlehrer Andreas Ilg die handschriftliche Rede transkribiert hatte, wagte sich der Kurs an die Herausforderung, sich mit der Gedanken- und Bildungswelt des jungen Webers vertraut zu machen. Ersten Annäherungen an Leben und Wirken des hohenlohischen Vor-Denkers mit Hilfe von Heide und Wilhelm Arnold Ruopp vom Geschichts- und Kulturverein Langenburg e.V. folgte die Auseinandersetzung mit der mitunter altertümlich anmutenden Sprache und einer anspruchsvollen Gedankenwelt – ein Hineindenken, das sich gelohnt hat. Das Ergebnis ist die nun vorliegende Übersetzung der von einem Altersgenossen vor 232 Jahren in Öhringen gehaltenen Abiturrede. Mitgewirkt haben (in alphabetischer Reihenfolge): Lars Baumann, Michaela Baumann, Anna Beck, Pauline Beyer, Chiara De Donder, Selina Diemar, Luisa Fiedler, Franziska Gröner, Alina Kurzay, Marcel Mack, Amelie Schwärzel, Romina Winter und Studiendirektor Andreas Ilg. Dank gilt zudem Ulrich Sanke und Albrecht Braun (Esslingen) für hilfreiche Anmerkungen sowie Jörg Engelbrecht und Wolfram Spodzieja für die Übersetzung der lateinischen Zitate.

Karl Julius Weber

Pensées sur la Connexion des belles lettres et de la Philosophie

Messieurs!

Personne ne le niera, que les sciences et les belles lettres ont une grande influence tant sur l'esprit, que sur le cœur, et qu'elles sont capables d'elever un homme [2] au dessus des autres, qui ne sont pas nourris dans le gout de ces arts. Ce sont elles, qui cultivent l'esprit et qui le fortifient, qui rendent les idées plus variées, plus distinctes, plus vives, et l'imagination plus active, qui enrichissent la memoire de verités sublimes et de connoissances fort utiles tant à nous mêmes, qu'à d'autres. Ce sont elles, qui donnent à l'esprit de l'elevation et de l'etendue, qui portent plus loin nos vues, qui nous apprennent à imiter les grands hommes, dont nous etudions [3] les ouvrages, et à nous approprier leurs manières et leurs sentimens, qui par consequente augmentent nos connoissances et nos lumières, dissipent les tenebres de l'ignorance, qui corrigent les faux prejugés, dont nous étions prévenus, et qui repandent l'agrément sur toute la vie, et sur toutes nos actions –

Enfin, qui donnent à l'esprit une justesse, une précision, une certaine grace, qui emporte tous ceux, qui ÿ font attention, et dont les connoisseurs s'appercoivent facilement. L'experience confirme ce raisonnement.

[4] Pour nous en convaincre, il ne faut que considerer les grands hommes, que l'histoire nous fait connoître. Par quel moÿen se sont-ils elevés à leur grandeur? Comment se sont-ils rendus capables de faire valoir leurs merites au vulgaire ignorant, de donner à leurs autres connoissances du lustre et de la grace, d'où viennent ces expressions delicates et naïves, qui nous enchantent en lisant leurs ouvrages? Par où sont-ils devenus l'admiration et le modele des modernes? N'est-ce pas les belles lettres, qui prod- [5] uirent ces fruits, qui leur annoblirent et perfectionnerent l'esprit? –

Ciceron, ce fameux orateur des Romains nous servira d'exemple. Il nous apprend lui-même dans plusieurs endroits de ses ouvrages, qu'il n'avait rien epargné pour cultiver son esprit par les belles lettres. Ce fut le poëte Archias, qui lui enseigna la belle litterature. Il partit pour Athenes, qui etoit alors regardée comme le siège et le domicile de la plus fine litterature, et de la plus solide philosophie, pour ÿ entendre les celebres professeurs des sciences et des belles lettres. C'est par là [6] qu'il devint ce grand Orateur, et l'admiration de tous les siècles. Son genie sublime nourri par les sciences des Grecs se distingua bientôt soit en plaidant les causes de ses amis, soit en terrassent les ennemis de l'etat, en etouffant le feu de la conspiration, en tirant Rom de l'abÿme, où elle etoit plongée: partout il s'attira les applaudissemens du public. –

Mais si l'etude des belles lettres ne servit qu'a cultiver l'esprit et à le former, qu'a rendre éloquent un homme,

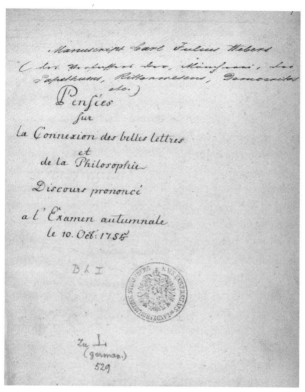

Titelblatt von Webers Abschiedsrede vom 10. Oktober 1785 im Öhringer Gymnasium, hier die Titelseite des Manuskripts 2556 in der Bibliothèque nationale et universitaire de Strasbourg.

qui lui dévoue tous ses soins et son application, son utilité seroit fort bornée, et ne vaudroit pas [7] la peine, qu'on se donne pour s'ÿ perfectionner. La probité du cœur et la droiture des sentimens sont des objets plus dignes, et plus estimables, que la culture de l'esprit sans influence sur le cœur –

On prefère l'honnete homme à l'homme savant, et ce sont les bonnes qualités du cœur, qui sont le vrai merite de l'homme, qui l'elevent au dessus des autres –

Devroit-on faire tant de cas de ces etudes, qui eclaircissent l'esprit sans inspirer au cœur des sentimens bons et nobles, qui enrichissent la memoire de grandes pensées, de belles images, d'expressions delicates [8] d'un gout pour tout ce, qui est beau, juste et grand dans la nature, sans le remplir d'ardeur et d'inclination pour l'honneteté même et la vertu? En ce cas là ne faudroit – il pas plutôt se ranger du coté de ceux, qui prétendent, que les belles lettres amollissent et corrompent les mœurs, qu'elles rendent l'homme inhabile a des affaires d'importance et qu'elles le degoutent du travail? Mais par bonheur c'est toute autre chose, quand elles sont traitées par la main du sage – Elles deviennent d'heureux instrumens, qui nous menent à la vertu. Le [9] Gout, que nous prenons pour la litterature, se repand sur tout ce, que nous entreprennons, il influe sur nos mœurs aussi bien que sur nos pensées, nous guide non seulement dans nos écrits, mais aussi dans la conversation, et dans toutes nos actions – Il est vrai, que les belles lettres ne nous donnent pas immediatement la vertu, mais elles sont les moïens les plus surs pour nous ÿ conduire, elles nous la rendent aimable, en donnant une grace, un certain prix à nos vertus, dont elles manqueroient infailliblement, sans leur appui.

[10] Les bonnes maximes, les exemples, les histoires remarquables, que nous rencontrons dans les ouvrages d'esprit, nous inspirent l'amour pour la vertu, et l'horreur pour le vice, et frappent notre ame. Qui est-ce, qui ne seroit pas touché d'apercevoir cet amour pour la justice, cette frugalité, ce désinteressement, ce mepris des richesses, cette grandeur d'ame, cet amour du bien public dans les exemples des anciens Consuls et des Dictateurs du peuple Romain: de voir Curio au lieu d'amasser des richesses, et de jouir des plaisirs de l'opulence, refuser l'or, que les [11] Samnites lui offrirent disant: il est plus glorieux de commander à ceux, qui en ont, que de le posséder soi-même. Cincinnate labouroit sa propre terre, ses mains endurcies par les travaux rustiques soutenoient souvent l'etat chancelant et sauvoient la republique, mais loin de jouir de ses triomphes et loin de prendre plaisir aux encens du peuple et à ses homages, il retourna à sa terre, et se nourrit en repas de fruits cuiellis dans son jardin. Aristide avait gouverné les finances de sa ville pendant plusieurs années, il mourut sans laisser de quoi païer les frais [12] de ses funerailles, ni de quoi nourrir ses enfans – Qui est-ce, qui ne sent pas le beau dans ces exemples, et l'aimable de la vertu? qui n'estime et qui n'admire pas le vrai

merite? qui ne souhaite pas de devenir tel, qu'etoient ces grands hommes?

C'est là le fruit, que l'on doit principalement tirer des belles lettres, et de la lecture des auteurs? C'est cette heureuse influence des arts, dont le poëte dit

– – – – Didicisse fidéliter artes emollit mores nec sinit esse feros.

Tels sont les avantages, qu'on retire de l'etude des belles lettres! Mais [13] leur heureuse influence sur le bonheur du genre humain se manifeste plus clairement dans les services importans, qu'elles rendent aux sciences superieures, austeres et plus relevés et principalement à la Philosophie. C'est là la raison, pourquoi je me suis proposé de demontrer aujourd'hui l'avantage, qui resulte

De la Liaison des belles
Lettres
d'avec la Philosophie

Je sais bien, Messieurs ! que ce n'est qu'un foible essai: mais je me repose sur la bonté et sur [14] l'indulgence, avec laquelle Vous avéz la coutume de recevoir et de juger des travaux des jeunes gens. Accordéz moi la même grace. Messieurs! je Vous en suplie trés humblement.

Quand nous considerons les belles lettres et la Philosophie, nous apercevons une inegalité trés frappante, et une diversité trés essentielle dés leur commencement. Les belles lettres sont les fleurs du genie, elles se trouverent bientôt prés de leur perfèction – La Philosophie est le fruit d'une raison eclairée, elle demande une experience penible et de longue durée, une experience, qui [15] ne recoit de certitude de precision que par un longue suite d'observations continuées par plusieurs siecles –

Aucun des modernes ne produira peut-etre rien dans les belles lettres, qui soit fort superieur aux ouvrages des Anciens, mais par rapport à la Philosophie les plus grands Philosophes de l'antiquité, tout grands genies, qu'ils étoient, restent bien en arriere, quand on les compare avec les modernes. La recherche de la cause d'un progrés si inégal, et de la diversité de ces deux branches de la connoissance humaine, soit dans leur nature, soit dans leurs effets, est de la derniere importance [16] pour nous instruire du prix de l'une et de l'autre, et pour rendre justice au Bel-esprit sans faire tort au Philosophe – Le veritable caractere des belles lettres est de copier et d'imiter le beau et l'agreable de toute espece dans la nature. Elles ont deux objets; la Perfection et le Plaisir, et leur fin et de ravir et de plaire – j'ÿ rapporte principalement l'Eloquence et la Poësie – La Philosophie au contraire s'occupe de recherches plus exactes sur les qualités des objets, qui se presentent aux sens et à l'esprit, et sur les causes des effets, que la nature produit: le principal but de la Philosophie est de perfectionner la raison, et de convaincre, elle ne cherche que [17] l'evidence et la solidité, elle rapporte tout au raisonnement et à la Speculation.

Ainsi le Bel-esprit ne faisant attention qu'à l'impression, que les divers objets de la nature font sur ses sens et sur son imagination, voit le ciel couvert de nuées sombres et noires, il voit l'horizon s'envelopper dans de tristes tenèbres, il entend les hurlemens des vents, le fracas du tonnerre, il voit les eclairs tortueux illuminants les epouvantables nuits ; touché du spectacle de la nature, de ses charmes et de ses frayeurs, il ne songe qu'à en remplir son imagination et d'en communiquer de mêmes idées aux autres – Le Philosophe au [18] contraire, insensible à la majesté de ce spectacle, ne s'attache, qu'à approfondir et à decouvrir les causes d'un effet si singulier, il observe les circonstances, il s'etudie à penetrer dans la nature, les causes et les effets des eclairs, pour en deriver l'origine du tonnerre –

Autant de difference dans le but, que dans les moïens pour ÿ parvenir! –

Passer de l'etude des belles lettres à celle de la Philosophie n'est ce pas contraindre un voyageur à changer un païs agreable, riant, et tout rempli de fleurs contre une region seche, epineuse, pleine de collines et des montagnes? Le moyen d'allier deux connoissances si opposées l'une [19] à l'autre! j'ose pourtant en soutenir la possibilité aussi bien que la trés grande utilité. Rien de plus injurieux que d'avancer, que la Philosophie ne s'accordait pas avec les belles lettres, ou de s'imaginer, que le Philosophe pouvoit s'en passer. Plutot etant reunies elles se pretent mutuellement les mains pour rendre les hommes plus sages et plus heureux. Ce sont deux sœurs bienfaisantes envoyées de l'Etre divin pour contribuer egalement au bien du genre humain – Heureux ceux, qui les protegent et qui recoivent à bras ouverts ces dons du ciel si precieux, qui se livrent tout entier à les cultiver, et à gouter leurs douceurs tranquilles! –

[20] Sans la Philosophie les belles lettres manqueroient de solidité et sans les belles lettres la Philosophie manqueroit d'humanité, et effrayeroit par la secheresse. C'est la Philosophie, qui est faite pour decouvrir la verité et pour en instruire le monde. Les belles lettres embellissent la verité et la rendent aimable. Je ne connois aucune science, qui soit plus propre que la Philosophie à conduire l'esprit dans toutes ses operations, et à guider la raison le don le plus excellent de tous ceux, que l'homme a reçûs de Dieu, qui le distingue du reste des animaux, et qui fait briller en lui les traces les plus manifestes de la ressemblance avec la Divinité.

[21] Par elle il reçoit l'idée du vrai, et il se met en etat de juger sur les qualités et les proprietés de chaque chose, elle distingue la verité d'avec l'erreur, elle donne a l'ésprit de la force, de l'exactitude et de la justesse; en un mot, c'est la mere et la source de toutes les autres connoissances; car dans toute son etendue elle n'est, qu'une connoissance juste de l'essence des etres et de leurs causes? – Par là la Philosophie devint la maitresse des belles lettres. –

Mais la raison ne touche que faiblement le cœur de l'homme; la verité sous un dehors negligé sans suite et sans escorte est trop simple, trop impuissante pour s'attacher [22] l'homme sensuel, qui n'aime que les plaisirs et les objets capables de flatter ses sens. C'est aux arts à repandre de l'agrement et de la douleur sur la verité et à dissiper la barbarie naturelle. Ce sont eux, qui excitent et qui flattent les passions, qui s'emparent du cœur de l'homme pour le conduire au but désiré, et qui le rendent attentif à ce qui est bon et juste – c'est pourquoi elles meritent toute l'attention du savant. L'harmonie et l'etroite liaison, que les anciens trouvaient entre le Beau, et ce, qui est bon et juste, entre l'Élegance et la vertu, nous font connoitre, qu'Apollon et les Muses doivent toujours frayer le chemin à Minerve.

[23] Ainsi par exemple les puissans attraits de la Poësie étoient les instrumens heureux de la sagesse pour gagner l'attention et la confiance des hommes. L'histoire nous enseigne, qu'elle fut de tous les arts la premiere et la plus grande bienfaitrice de la société. Elles nous raconte les merveilles d'un Line, d'un Orpheus, d'un Amphion – le premier langage dont les legislateurs et les savans se servirent, c'etait celui de la Poësie, leurs maximes de morale, leurs loix, leurs histoires etoient en vers. –

Ce que nous allons remarquer sur la comparaison de la Philosophie et les belles lettres et sur la liaison entr' elles, nous aidera à determiner mieux l'utilité de deux sciences, quand [24] on les réunit ensemble. C'est à regret que je quitte un sujet si interessant et si agréable, qui pourroit fournir assés de matière pour des remarques les plus importantes sans le pouvoir epuiser, mais trop peu initié dans les mÿsteres de ces sciences, je ne hasarde pas d'entrer plus avant dans leur sanctuaire – Cependant si je n'abuse pas l'indulgence de cette illustre Assemblée, je proposerai seulement quelques reflexions sur les avantages, qui resultent de la connexion des belles lettres et de la Philosophie –

Quand nous étudions avec soin les belles lettres, nous acquerons cette heureuse qualité, qu'on appelle le bon [25] gout, qualité, que l'on sent mieux, qu'on ne peut la definir. C'est par ce discernement delicat et précis, qu'on remarque la justesse et la verité des pensées et des expressions, les graces et la beauté d'un ouvrage aussi bien que ses defauts, et ce, qu'il ÿ a d'extravagant. C'est le même gout, qui donne à nos entretiens, à nos ecritures, même à nos actions un certain caractére du vrai, et du naturel, que nous suivons sans même le savoir, il influe aussi sur les autres sciences. –

Le meme discernement, qui introduit dans l'Elo- quence et dans la Poësie de l'Elegance et des ornemens decens, qui apprend en chaque matière et en chaque occasion ce, qu'il faut faire, et comment [26] il le faut faire, fait regner dans la Philosophie ce bon sens, qui vaut infiniment mieux, que toutes les speculations les plus subtiles. C'est par ce moïen, que le Philosophe apprend ce, qu'il ÿ a de plus utile, de plus essentiel, de plus convenable dans sa carriere, ce, qui merite un travail soutenu, ce qui est preferable à toute autre cho- se, et ce, qui est moins essentiel, moins necessaire, et qui par consequent doit etre ecarté. C'est ce bon sens, qui l'empeche d'employer son tems à des recherches inutiles et frivoles, à des disputes d'ecole épineuses et subtiles, qui ne servent, qu'à faire tourner l'esprit et a rendre l'homme orgueilleux et [27] fier – Voilà une Philosophie ni pedantesque, ni hardies, ni temeraire, mais sage, solide, et fondée sur les principes et sur les lumieres les plus pures du bon sens –

Nous avons deja remarqué ci-dessûs, que les belles lettres maitrissent le cœur de l'homme, que c'est à elles à preter à la simple verite des charmes et à lui gagner les cœurs, à rendre agréable à l'homme tout ce, qui lui est utile et à alleger le poids de ses devoirs. C'est à elles à nous rejouir et à nous causer de la douleur, à exciter

pos passions et à les appaiser, tantôt elles nous font esperer, tantôt craindre, tantôt rire tantôt verser des larmes – Elles produisent aisement cet effet, que la simple verité tacheroit vainement de produire [28] sterile et seche de son propre fonds et renfermée dans des bornes trés etroites l'étude des belles lettres supplée a sa sterilité et la rend feconde par des secours etrangers. Voici l'origine de l'Eloquence. – On sentit, que le simple raisonnement de la Philosophie n'etoit pas assés puissant d'un coté pour gagner le cœur de l'homme et pour le mener à sa volonté: de l'autre c'etoit une foible digue contre le torrent des passions. On eut recours à l'Eloquence, cette Philosophie, qui embellit ses raisonnements de tout ce, qui les sens et l'imagination fournissent de beau et de frappant, et qui ravit et entraine autant, qu'elle charme. C'est par cette eminente [29] qualité, que ceux, qui la cultivent, autrefois parvinrent au rang sublime d'etre les conducteurs du peuple et l'effroi des ennemis de l'etat. Generaux et Orateurs furent du meme rang chés les anciens – Par le moïen de l'eloquence Demosthéne merita l'estime des Grands et l'admiration du peuple. Le stïle elegant, le choix des paroles, l'ordre des pensées, la vivacité de l'action, la varieté des tours et des figures enchanta l'esprit de ses auditeurs, et les entraina dans son opinion.

De la meme façon Orphée dompta par les charmes de sa lÿre les hommes rustiques et cruels, et les rangea sous leurs devoirs. Chaque nation se glorifia, quand le grand Pindar chantait ses eloges; Alexandre même saisi de colère [30] contre la ville de sa naissance, et la faisant renverser donna l'ordre de conserver la maison du Poëte et il protegea sa famille. Telles etoient les idées que les Grecs et les Romains se formerent de leurs Orateurs et de leurs Poëtes. –

Tant que la Philosophie fut dans les mains de peu de savans, tant qu'ils l'envelopperent du voile des mÿstères pour se mettre en reputation parmi

la populace, qui plus etoit surprise de leur sagesse, plus elle l'ignoroit, tant le peuple fut plongé dans l'étourderie et caché dans les tenebres de l'ignorance la plus crasse.

Au reveil des beaux Arts le jour reparut, et donna des lumieres nouvelles au peuple aveugle! Permettés moi, Messieurs! de rappeler [31] dans Votre memoire nos ancêtres les Germains combien de tems ont-ils été regardés comme grossiers et barbares parce qu'ils etoient sans gout pour les ouvrages de l'esprit? mais aussitôt, que les Arts ÿ portèrent leur flambeau, ils s'eveillerent de leur sommeil, et ils egalerent bientôt en toute sorte de litterature les autres nations. La Grece et La Rome superbe autrefois si fertiles en beaux esprits et en grands hommes tomberent par oubli de belles lettres dans une sterilité entiere et même dans la barbarie.

Tant, que la Philosophie scholastique tÿrannisa le monde, et qu'Aristote maltraité et dechiré par les Arabes et par la stupidité des moines, [32] fut le monarque des ecoles, tant qu'elle consista en une fade Logique, pleine de sophisme, et en un labÿrinthe d'une métaphÿsique epineuse et subtile, les hommes retomberent dans les tenebres – Au renouvellement des arts, aprés que la barbarie des siecles tenebreux fut un peu dissipée, et qu'on commença à exposer la Philosophie d'une maniere plus facile à comprendre et à la répandre parmi le peuple par le moïen de la langue maternelle, les nations s'eclaircirent en peu de tems ; la raison libre de prejugés faux fut surprise d'avoir été tant de siecles le jeu de la superstition et [33] L'esclave de la tÿrannie; elle commença à respirer plus librement, elle entraina, comme une riviere sortie de son lit, avec elle tout ce, qui voulait arrêter son cours – elle fit revivre les droits de l'humanité et du bon sens – Ainsi les beaux arts tirèrent l'Italie des tenèbres par le soin des illustres Médicis, qui de marchands bienheureux devinrent les bienfaiteurs du genre humain, et l'Italie remonta à cette hauteur et gloire, dans laquelle elle brilla durant l'heureux gouvernement d'Auguste. La Protection, dont Louis le Grand honora les Muses produirent non seulement les [34] Racines, les Boileaux, les Fontaines, les Corneilles, les Molieres, mais aussi les Descartes, les Gassendis, les Malebranches. Les sublimes verités, dont Leibniz et Newton ont enrichi les connoissances humaines, n'auroient pas été mises au jour, si les belles lettres ne leur avoient frayé le chemin –

Mais je sens, que je m'etends trop sur cette matiere, et que je cours risque de fatiguer la patience de cette illustre Assemblée – je me contenterai donc, avant que de finir mon discours, de rapporter en peu de mots les avantages, que le vaste champ de la Philosophie offre aux belles lettres. –

[35] Les recherches, que la curiosité fit entreprendre le Philosophe menant plus loin, que celles de l'Amateur des belles lettres, ses connoissances sont plus sublimes, plus profondes, et d'une plu grands étendue. Le Philosophe est accoutumé à approfondir tout, à diriger tout à une fin. Par là la Philosophie devint la maitresse des Arts, et les empeche de devenir frivoles. Aussitôt qu'on ÿ repand plus de fleurs que de pensées, qu'on songe plus à charmer l'esprit par les ornements de l'Eloquence, qu'à le convaincre par la verité, on enerve la verité par un faux brillant et par une affectation puerile et on fait degenerer l`Eloquence.

[36] Ciceron même ce grand Orateur des Romains apprit a fonds la Philosophie et il temoigna, que cette etude lui servit infiniment plus, que celle de la Rhetorique –

»Ego fateor, dit-il, me oratorem, si modo sim, nut etiam quicunque sim, non ex Rhetorum officinis, sed ex Academiae spatus extitisse.« –

Elle fait regner de l'ordre et de la solidité dans un discours, qui le rendent intelligible, et qui en font mieux sentir toute la verité. Sans elle l'orateur dit les choses, comme elle lui viennent dans la bouche, sans ordre, sans choix, sans justesse et c'est par cette negligence, qu'il [37] inspire à ses auditeurs du degout et du mepris. L'Orateur, qui est plus occupé du soin d'embellir son discours que de le remplir de verités solides, n'est qu'un declamateur, il flatte l'oreille par le son et l'harmonie des periodes, il fait illusion à l'esprit par un stile fleuri et par des pensées brillantes, il accoutume ses auditeurs à prendre le clinquant des paroles pour la verité, qui seule est la nourriture de l'esprit – à quoi bon cette Elo-quence? Elle peut bien charmer et eblouïr un moment, mais son impression n'est pas de longue durée! – Toute autre chose si l'Orateur s'acquiert des connois- [38] sances utiles et etendues, qu'il nourrisse son esprit de verités plus que triviales et qu'il étudie soigneusement les hommes et leurs passions –

Tout de même dans la Poësie – Voici le sentiment d'Horace ce grand connoisseur des Arts.

Seribendi recte sapere est et principium et fons
et dans un autre endroit
Remtibi socraticae poterunt ostendere chartae:

Le Poëte ne sera que pauvre rimeur sans les sciences, qui enrichissent son esprit de connoissances utiles et qui donnent de la fermeté à ses pensées. Ce que nous venons de dire de la [39] Poësie et de l'Eloquence s'etend sur tout le reste de la belle litterature, où il faut du discernement pour distinguer le vrai d'avec le faux; c'est à la justesse de l'esprit et à la raison guidée par une Philosophie saine à en decider. Les Arts en profitent, et leurs regles deviennent plus sures par les decisions fondées sur la nature des choses mêmes et sur l'experience. Il en resulte de l'ordre, de la clarté, de la solidité et de l'energie dans les ouvrages d'esprit. C'est la Philosophie, qui doit tenir les renes de l'imagination, afin qu'elle ne nous emporte ni nous fasse pecher contre les regles du bon gout –

[40] Les Ovides, les Senacas, les Lucanes ont-ils manqué du Genie ou des regles? de la fecondité ou de la moderation prudente? de l'esprit ou du savoir de le gouverner! Qui est ce, qui ne sait, que l'abondance est leur faute, et que le trop d'esprit gate les meilleurs ouvrages de l'esprit, comme l'abondance du sang est nuisible au corps –

De la même maniere elle guide notre raison et notre jugement, quand nous lisons les ouvrages des savans, et nous met en etat d'observer aussi bien les defauts d'un ouvrage, que d'en sentir les beautés, elle ne nous laisse pas eblouïr par le faux, quelque brillant, qu'il soit – C'est ainsi [41] la Philosophie, qui enrichit et agrandit le domaine des Muses par le vaste empire de la verité;

c'est elle qui ouvre par ses decouverts des tresors et des beautés, qui sans elle auroient été cachées pour jamais.

Je finis mon foible essai sur l'Alliance de belles lettres avec la Philosophie et sur la grande etendue de son utilité, pour m'acquitter d'un devoir, qui m'est de la derniere importance. C'est de faire eclater ma reconnoissance pour tout le bien et pour tous les avantages, qui me sont revenus pendant mon sejour [42] dans ce celebre siège des Muses. –

Quelles humbles actions de graces n'ai-je pas à rendre aux pieds de Votre Serenissime Prince et très gracieux Protecteur de cette pepinière des sciences. Que le Toutpuissant lui sache gouter les benedictions, que nos tendres cœurs lui souhaitent, et que nos trop foibles langues ne peuvent exprimer. Qu'il donne les felicités les plus durables à toute sa Sérénissime et glorieuse famille, et que sa gloire s'etende jusqu'aux tems les plus reculés.

Vous, trés illustres, trés venerables et trés excellens Messieurs! Vous [43] avés comblé notre College de tant de bontés et derechef à ce dernier examen, où Vous avés eu la bonté d'honorer de Votre présence nos essais juvenils et de continuer Votre genereuse indulgence vis a vis de notre insuffisance. Dieu la source de toutes les prosperités en sait la recompense et Vous donne la plus durable santé. Je Vous prie, Messieurs! d'avoir les memes bontés pour moi à cet égard. –

Vous, Messieurs! qui m'avés honorés de Votre genereuse présence et attention, recevés mes trés humbles et sensibles remercimens de Votre bienveillance, en la-[44] quelle je me recommande trés respectueusement. –

Je m'adresse maintenant a Vous, Monsieur! trés savant et trés reverend Recteur! trés venerable pere de la jeunesse! – Puis-je exprimer dans toute leur energie les sentimens, dont est rempli mon cœur. Puis-je rendre des graces digne de tant de bienfaits, de toutes les bontés, dont Vous m'avés comblé. Mais le sentiment est trop au dessûs des richesses de l'Eloquence, cet art sublime est impuissant aprés la nature – C'est à Vous, trés reverend precepteur! a qui je suis redevable aprés Dieu, de tout ce, [45] que je suis – C'est Vous, qui avés conduit ma foible jeunesse par vos soins, qui m'avés corrigé avec douceur de mes defauts, qui m'avés enseigné dans les connoissances salutaires et utiles. C'est par vos preceptes et plutôt par Votre exemple, que Vous m'avés inspiré de l'ardeur pour la religion et des sentimens d'honneteté, et de probité – Enfin c'est Vous, qui Vous etes la source, où j'ai puisé tout ce, que je possède, qui est ouverte aux pauvres comme aux riches, à celui de basse condition, comme au fils de qualité –

[46] Aucun tems n'effacera le souvenir de vos bontés, de vos bienfaits, dont Vous m'avés comblé si souvent, que je ne pourrai jamais les meriter par mon attachement, ni par mon attention à tout ce, qui pourroit Vous faire plaisir – Je n'ai que des tendres vœux à Vous offrir, qu'à prier celui, qui est le Maître unique des hommes,

à qui seul il appartient d'ordonner le sort des humains, de le prier, dis-je, qu'il veuille repandre sa benediction sur ce precieux regent de ce college, qu'il veille sur son salut, qu'il conserve sa bienfaisante vie, [47] jusqu'à la plus haute epoque humaine – Que le Tout-puissant Vous preserve de toute maladie, de revers quelqonques, qui pourroit troubler la serenité de Vos jours – Qu'il daigne verser abandomment sur toutes vos entreprises ses graces pour l'interet des jeunes gens et pour la prosperité de ce celebre siège des Muses, que s'ÿ conserve et augmente de plus en plus sous Votre sage direction non seulement le gout des sciences et de l'étude, qui ÿ a toujours regné, mais encore plus celui de la pieté et de la religion, qui [48] en fait la plus solide gloire –

Oui, Dieu exaucera les tendres prieres – il benira l'homme genereux, et les siens, et tout ce, qui lui est cher –

Vous, Messieurs! qui avés tant de merite par la fidele instruction de la jeunesse, qui est confiée à Vos soins, agrées, s'il Vous plait, les devoirs, que je Vous rends avant mon depart d'ici, et soÿes persuadé, que le souvenir de Vos bontés ne pourra jamais être effacé –

Enfin, mes trés chers Amis! [49] ce n'est qu'avec regret, que je me separe de Vous, me resouvenant de la tendre amitié que Vous m'avés temoigné. Je Vous en remercie, et Vous en demande la continuation. Que l'Eternel Vous rende aussi heureux, que je le vous souhaite.

Karl Julius Weber

Gedanken über das Verhältnis von Literatur und Philosophie

Meine Herren,

niemand wird bestreiten, dass die Wissenschaften und die schöngeistige Literatur einen großen Einfluss sowohl auf den Verstand als auch auf das Herz haben, und dass sie in der Lage sind, den Menschen über andere erheben zu können, die nicht in den Genuss dieser Künste gekommen sind. Sie kultivieren und stärken den Geist, sie geben den Ideen mehr Reichtum, machen sie eindeutiger, lebendiger, aktivieren die Vorstellungskraft und bereichern die Erinnerung durch erhabene Wahrheiten und äußerst nützliches Wissen sowohl für uns als auch für die anderen. Sie sind es, die dem Verstand Erhabenheit und Weite geben, die unseren Blick erweitern, die uns lehren, bedeutende Menschen zum Vorbild zu nehmen, deren Werke wir studieren und die uns ihr Verhalten und ihre Gefühle näherbringen, die folglich unser Wissen erweitern, uns Erleuchtung bringen und die dunkle Unwissenheit vertreiben, die falsche Vorurteile korrigieren, durch die wir voreingenommen sind, und die allem Leben und Handeln Charme verleihen. Die dem Geist schließlich eine Richtigkeit, eine Genauigkeit und Anmut geben, die all diejenigen mitnehmen, die darauf achtgeben und deren Kenner dies sofort wahrnehmen. Die Erfahrung bekräftigt diesen Gedankengang.

Um uns davon zu überzeugen, muss man lediglich die bedeutenden Menschen betrachten, die die Geschichte uns überliefert. Wie sind sie zu Größe gelangt? Wie wurden sie befähigt, ihren Verdienst gegenüber den gemein Unwissenden zur Geltung zu bringen, ihrem sonstigen Wissen Glanz und Anmut zu geben, von wo kommen diese feinsinnigen und unverdorbenen Ausdrucksweisen, die uns beim Lesen ihrer Werke verzaubern? Wodurch sind sie das Vorbild und Leitbild der Modernen geworden? Ist es nicht die schöngeistige Literatur, die diese Früchte erzeugt, die ihren Geist adelt und perfektioniert? –

Cicero, dieser berühmte römische Redner, soll uns als Vorbild dienen. Er selbst teilt uns an mehreren Stellen seiner Werke mit, dass er keine Mühe gescheut hat, seinen Verstand durch die schöne Literatur weiterzubilden. Es war der Dichter Archias, der ihn die schöngeistige Literatur gelehrt hat. Er ging nach Athen, das damals als Sitz und Wohnstätte der feinsten Literatur und der zuverlässigsten Philosophie galt, um dort die berühmten Professoren der Wissenschaften und der Literatur zu hören. Dadurch wurde er zu dem großen Redner und durch alle Jahrhunderte hindurch bewundert. Sein erhabener Geist, genährt durch die Wissenschaften der Griechen, hob sich bald von anderen ab, sowohl bei der Verteidigung seiner Freunde als auch bei der Vernichtung der Staatsfeinde, indem er das

Feuer der Verschwörung löschte und Rom aus dem Abgrund riss, in den es eingetaucht war: Überall zog er den Beifall der Öffentlichkeit auf sich. –

Aber wenn das Studium der schöngeistigen Literatur nur dazu diente, den Verstand weiterzubilden und ihn zu formen, einen Menschen wortgewandt zu machen, der sich ihr mit all seiner Sorgfalt und seinem Fleiß hingibt, so wäre ihre Nützlichkeit stark beschränkt, und die Mühe würde sich nicht lohnen, die man sich macht, um sich darin zu verbessern. Die Rechtschaffenheit und die Aufrichtigkeit der Gefühle sind würdigere und schätzenswertere Gegenstände als die Bildung des Geistes ohne Wirkung auf das Herz.

Man zieht den rechtschaffenen Menschen dem gelehrten Menschen vor, denn es sind die guten Qualitäten des Herzens, die das wahre Verdienst des Menschen sind, die ihn über die anderen erheben. Sollte man so viel von diesen Studien halten, die den Verstand erleuchten, ohne das Herz mit guten und edlen Gefühlen zu versorgen, die das Erinnerungsvermögen mit großen Gedanken, schönen Bildern, feinen Ausdrücken und einer Vorliebe für all das, was schön, gerecht und groß in der Natur ist, bereichern, ohne den Verstand durch Leidenschaftlichkeit und die Hinwendung zur Ehrlichkeit und zur Tugend zu erfüllen?

Müsste man sich in diesem Fall nicht eher denjenigen anschließen, die behaupten, dass die schöngeistige Literatur die Sitten verweichlicht und verdirbt, dass sie den Menschen in wichtigen Angelegenheiten ungeschickt macht und ihm die Lust an der Arbeit nimmt? Aber erfreulicherweise ist alles anders, wenn sie von der Hand eines Weisen bearbeitet wird. Sie wird vielmehr dann zu dem Instrument, das uns zur Tugend führt.

Die Vorliebe, die wir für die Literatur haben, breitet sich auf all das aus, was wir unternehmen, sie beeinflusst unsere Sitten als auch unsere Gedanken, sie leitet uns nicht nur in unserem Schreiben, sondern auch in den Gesprächen und in all unseren Handlungen – es ist wahr, dass die schöngeistige Literatur uns nicht unmittelbar tugendhaft macht, aber sie ist der sicherste Weg, uns dort hinzuführen. Sie macht die Tugend liebenswürdig, indem sie ihr eine Anmut gibt, einen gewissen Wert, den sie ohne ihre Stütze nicht hätte.

Die guten Maximen, die Beispiele, die bedeutenden Geschichten, denen wir in den Werken des Geistes begegnen, führen uns dazu, die Tugend zu lieben und das Laster zu verabscheuen. Sie prägen unsere Seele. Wer wäre nicht berührt, diese Liebe zur Gerechtigkeit, diese Einfachheit, diese Uneigennützigkeit, diese Verachtung des Reichtums, diese Seelengröße, diese Liebe des öffentlichen Wohls in den Vorbildern der ehemaligen Konsuln und Diktatoren des römischen Volkes zu erblicken: Curio zu sehen, der anstatt Reichtümer anzuhäufen und dem Überfluss zu frönen, das Gold, das ihm die Samniten anboten, ablehnte und sagte: »Es ist ruhmreicher, denjenigen zu befehlen, die es haben, als es selbst zu besitzen.« Cincinnatus pflügte sein eigenes Land, seine durch die schwere Arbeit schwieligen Hände stützten oft den schwankenden Staat und retteten die Republik, aber weit davon entfernt, seine Triumphe zu genießen und Vergnügen im Lob des Volkes und in seinen Ehrerweisungen zu finden, kehrte er auf sein Land zurück und ernährte sich von Früchten, die er in seinem Garten geerntet hatte. Aristides hatte mehrere Jahre die Finanzen der Stadt verwaltet, er starb ohne etwas zu hinterlassen, von dem man seine Beerdigung bezahlen oder seine Kinder ernähren konnte. Wer fühlt in diesem tugendhaften Verhalten nicht das Schöne? Wer schätzt und bewundert nicht das wahre Verdienst? Wer wünscht sich nicht wie diese großen Männer zu werden?

Ist dies genau der Nutzen, den man hauptsächlich aus der Literatur und der Lektüre der Autoren ziehen muss? Es ist dieser glückliche Einfluss der schönen Künste, von denen der Dichter sagt:

»Die Künste getreulich gelernt zu haben, mildert die Sitten und lässt sie nicht ungestüm sein.«

Dies sind die Vorteile, die man aus dem Studium der schöngeistigen Literatur zieht! Aber ihr erfreulicher Einfluss auf das Glück des Menschengeschlechts äußert sich deutlicher in den bedeutenden Diensten, die sie den strengen, erhabeneren, höheren Wissenschaften und vor allem der Philosophie zuteilwerden lässt. Deshalb habe ich mich dazu entschlossen, heute den Vorteil aufzuzeigen, der sich daraus ergibt:

»Über die Verbindung der schönen Literatur mit der Philosophie«.

Meine Herren, ich weiß sehr wohl, dass dies nur ein bescheidener Versuch ist: Aber ich stütze mich auf die Güte und die Nachsicht, mit der sie üblicherweise die Arbeiten der jungen Leute annehmen und beurteilen. Erweisen sie mir die gleiche Gnade. Meine Herren! Ich flehe sie demütig an.

Wenn wir die Literatur und die Philosophie betrachten, erkennen wir schon in ihren Ursprüngen eine eklatante Ungleichheit und einen wesentlichen Unterschied. Die schöngeistige Literatur ist die Blume des Genies, sie ist schon nahezu perfektioniert – die Philosophie ist die Frucht eines erleuchteten Verstandes. Sie verlangt mühsame Erfahrung und Ausdauer, eine Erfahrung, die ihre Gewissheit und ihre Genauigkeit nur durch eine lange Abfolge von Beobachtungen über mehrere Jahrhunderte hinweg erhält. Vielleicht wird keiner der modernen Autoren Werke schaffen, die diejenigen der alten Meister überragen, aber was die Philosophie angeht, so bleiben die größten Philosophen der Antike, wie genial sie auch waren, im Vergleich deutlich hinter den modernen Philosophen zurück. Die Erforschung der Ursache eines so ungleichen Fortschritts und der Unterschiedlichkeit dieser beiden Zweige menschlichen Wissens, sowohl in ihrem Wesen als auch in ihren Auswirkungen, ist von höchster Bedeutung, um uns deren jeweiligen Wert zu vergegenwärtigen und dem schönen Geist gerecht zu werden, ohne dem Philosophen Unrecht zu tun. Der wahre Charakter der schöngeistigen Literatur ist das

Kopieren und Imitieren des Schönen und Angenehmen einer jeden Gattung in der Natur. Sie hat zwei Ziele, die Perfektion und das Vergnügen, und ihr Zweck ist es, zu verzaubern und zu gefallen – ich ordne ihr vor allem die Redekunst und die Dichtung zu. Die Philosophie beschäftigt sich im Gegensatz dazu mit genaueren Untersuchungen bezüglich der Eigenschaften von Objekten, die sich den Sinnen und dem Geiste darbieten und den ursächlichen Zusammenhängen, die die Natur hervorbringt. Das wesentliche Ziel der Philosophie ist es, den Verstand zu perfektionieren und zu überzeugen, sie sucht nur Beweise und Verlässlichkeit. Sie bezieht alles auf Überlegung und Spekulation.

Folglich sieht der Schöngeist, der seine ganze Aufmerksamkeit nur auf Eindrücke richtet, die die Natur hervorbringt, den Himmel wolkenverhangen und düster, er sieht, wie der Horizont sich verdunkelt und hört das Heulen des Windes, den Donnerschlag, er sieht die zuckenden Blitze, die die Nacht erhellen, er ist ergriffen durch dieses Schauspiel der Natur, durch ihren Zauber und ihren Schrecken, und denkt nur daran, daraus seine Vorstellungskraft zu bereichern und all dies den anderen mitzuteilen. Im Gegensatz dazu ist der Philosoph empfindungslos im Hinblick auf die Majestät des Schauspiels der Natur, er widmet sich diesem nur, um die Ursachen eines so einzigartigen Schauspiels zu ergründen, er beobachtet die Umstände, er bemüht sich, die Natur zu durchdringen, die Ursachen und Wirkungen der Blitze, um davon die Herkunft des Donners abzuleiten.

Es gibt so viele Unterschiede in der Zielsetzung, wie in den Mitteln, diese zu erreichen. Begibt man sich vom Studium der Literatur zum Studium der Philosophie, ist es dann nicht so, als ob man einen Reisenden dazu zwänge, ein angenehmes Land, fröhlich und blumengeschmückt, gegen eine trockene, dornige und hügelige Region einzutauschen? Gibt es eine Art und Weise, zwei so gegensätzliche Formen des Wissens zu verbinden? Ich wage es dennoch, die Möglichkeit sowie den großen Nutzen dieser Verbindung zu unterstreichen. Es gibt nichts Verletzenderes als anzuführen, dass die Philosophie sich nicht mit der schöngeistigen Literatur verstünde oder sich vorzustellen, dass der Philosoph auf sie verzichten könne. Vereint reichen sie sich vielmehr die Hände, um die Menschen weiser und glücklicher zu machen. Es sind zwei wohltätige Schwestern, die vom göttlichen Wesen geschickt wurden, um in gleicher Weise dem Menschengeschlecht Gutes zuteilwerden zu lassen. Glücklich sind die, die sie beschützen und mit offenen Armen die so wertvollen Gaben des Himmels empfangen, die sich ganz hingeben, sie zu pflegen und sich an ihren stillen Genüssen zu laben!

Ohne Philosophie fehlte es der schöngeistigen Literatur an Stichhaltigkeit, und ohne Literatur fehlte es der Philosophie an Menschlichkeit und ihre Trockenheit würde erschrecken. Es ist die Philosophie, deren Auftrag es ist, die Wahrheit zu entdecken und sie der Menschheit zu vermitteln. Die schöngeistige Literatur verschönert die Wahrheit und macht sie liebenswürdig.

Ich kenne keine einzige Wissenschaft, die geeigneter dazu wäre, den Geist in allen Handlungen zu lenken und die Vernunft zu führen als die Philosophie, die beste aller Gaben, die der Mensch von Gott erhalten hat und die ihn von der restlichen Tierwelt unterscheidet und in ihm die deutlichsten Spuren der Ähnlichkeit mit der Gottheit aufleuchten lässt.

Durch sie erhält der Geist die Vorstellung des Wahrhaftigen und begibt sich in die Lage, die Qualitäten und die Eigenheiten aller Dinge zu beurteilen, sie unterscheidet das Wahre vom Irrtum, sie gibt dem Geist Kraft, Genauigkeit und Gerechtigkeit, mit einem Wort, sie ist die Mutter und die Quelle aller anderen Erkenntnisse, denn ist sie nicht in ihrem ganzen Umfang die genaue Erkenntnis des Wesens der Dinge und ihrer Ursachen? – Dadurch wird sie zur Lehrmeisterin der Literatur.

Aber der Verstand berührt das Menschenherz nur schwach, die Wahrheit ohne das elegante Drumherum ist zu einfach, zu schwach, um den sinnlichen Menschen, der nur das Vergnügen und die Dinge liebt, die seinen Sinnen zu schmeicheln vermögen, an sich zu binden. Es ist die Aufgabe der Künste, Angenehmes und Verlockendes über der Wahrheit auszubreiten und die natürliche Derbheit zu vertreiben. Sie erregen und schmeicheln den Leidenschaften, die sich des Menschenherzens bemächtigen, um es zum erwünschten Ziel zu führen und lassen es aufmerksam werden für das, was gut und gerecht ist. Deshalb verdienen sie alle Aufmerksamkeit des Gelehrten. Die Harmonie und die enge Verbindung, die die antiken Autoren zwischen dem Schönen und dem, was gut und gerecht ist, zwischen der Eleganz und der Tugend fanden, lehrten uns, dass Apollo und die Musen Minerva immer den Weg bahnen müssen. So waren beispielsweise die mächtigen Reize der Dichtung die glücklichen Instrumente der Weisheit, um die Aufmerksamkeit und das Vertrauen der Menschen zu erlangen. Die Geschichte lehrt uns, dass sie die erste und die wohltätigste Kunst der Gesellschaft war. Sie erzählt uns die Wunder eines Linus, eines Orpheus, eines Amphion – die erste Sprache, deren sich die Gesetzgeber und die Gelehrten bedienten, war die Sprache der Dichtung, ihre Moralmaximen, ihre Gesetze, ihre Geschichten waren in Versform.

Was wir zum Vergleich der Philosophie mit der Literatur und zu deren Beziehung feststellen werden, wird uns helfen, besser den Nutzen beider Wissenschaften zu bestimmen, der sich ergibt, wenn wir beide miteinander verbinden. Mit Bedauern verlasse ich ein so interessantes und angenehmes Thema, das so vieles bietet, um die bedeutendsten Anmerkungen zu machen, ohne es erschöpfend behandeln zu können. Aber da ich zu wenig in die Geheimnisse dieser Wissenschaften eingeweiht bin, wage ich nicht noch weiter in dieses Heiligtum vorzudringen. Dennoch, falls ich nicht die Nachsicht dieser illustren Versammlung missbrauche, werde ich einige Überlegungen zu den Vorteilen, die sich aus der Verbindung von schöngeistiger Literatur und Philosophie ergeben, vortragen.

Wenn wir sorgfältig die schöngeistige Literatur studieren, erwerben wir diese glückliche Eigenschaft, die wir den guten Geschmack nennen, eine Eigenschaft, die man eher fühlt, als dass man sie definieren könnte. Durch diese feinfühlige und präzise Urteilskraft bemerkt man die Genauigkeit und die Wahrhaftigkeit der Gedanken und Ausdrucksformen, die Anmut und die Schönheit eines Werkes ebenso wie seine Mängel und das, was besonders an ihm ist. Es ist der gleiche Geschmack, der unseren Gesprächen, unseren Schriften, sogar unseren Handlungen etwas Wahrhaftiges und Natürliches gibt, dem wir folgen, ohne es zu wissen. Er beeinflusst auch die anderen Wissenschaften.

Die gleiche Urteilskraft, die in die Redekunst und die Dichtung Eleganz und angemessene Verzierungen einfließen lässt, und in jedem Fachbereich und zu jeder Gelegenheit lehrt, was man machen muss und wie man es machen muss, lässt in der Philosophie diesen guten Sinn walten, der weitaus besser als alle scharfsinnigsten Spekulationen ist. Genau durch dieses Mittel lernt der Philosoph das, was das Nützlichste, das Wesentlichste und Anständigste in seiner Laufbahn ist, was eine anhaltende Arbeit verdient, was allen anderen Dingen vorzuziehen ist und das, was weniger wichtig, weniger notwendig ist und folglich beiseitegelassen werden muss. Der gesunde Menschenverstand hält ihn davon ab, seine Zeit mit unnützen und oberflächlichen Recherchen, mit misslichen und spitzfindigen Streitgesprächen zu verbringen, die nur dazu dienen, den Geist durcheinander zu bringen und den Menschen stolz und überheblich zu machen. Dies ist eine Philosophie, die weder besserwisserisch, noch dreist, noch kühn ist, sondern weise und stichhaltig ist und die auf den reinsten Prinzipien und Einsichten der Vernunft beruht.

Wir haben oben schon bemerkt, dass die schöngeistige Literatur das Menschenherz beherrscht, dass es an ihr ist, der einfachen Wahrheit Charme zu geben und für sich die Herzen zu gewinnen, dem Menschen all das angenehm zu machen, was ihm dient, und die Bürde seiner Pflichten zu schmälern. Es ist an ihr, uns zu erfreuen und uns Schmerzen zuzufügen, unsere Leidenschaften zu erregen und zu besänftigen, mal lässt sie uns hoffen, mal fürchten, mal lachen, mal Tränen vergießen. Sie erreicht mit Leichtigkeit diese Wirkung, die die einfache Wahrheit, unfruchtbar und trocken wie sie grundsätzlich ist und der enge Grenzen gesetzt sind, vergeblich zu erreichen versucht. Die schöngeistige Literatur gleicht ihre Unfruchtbarkeit aus und macht sie durch fremde Hilfsmittel fruchtbar. Das ist der Ursprung der Redekunst.

Man spürte, dass das einfache Räsonieren der Philosophie nicht mächtig genug war, um auf der einen Seite das Menschenherz zu gewinnen und dieses nach seinem Willen zu führen. Auf der anderen Seite war es ein schwacher Deich gegen den Strom der Leidenschaften. Man griff auf die Redekunst zurück, diese Philosophie, die ihr Räsonieren mit allem, was Sinne und Vorstellungskraft an Schönem und Erstaunlichem zu bieten haben, verschönert und die genauso entzückt und mitreißt, wie sie bezaubert. Durch diese bedeutende Qualität gelangten diejenigen, die die Redekunst pflegten, in den erhabenen Rang, Führer des Volkes und Schrecken der Staatsfeinde zu sein. Generäle und Redner waren in der Antike von gleichem Rang – durch die Mittel der Redekunst verdiente sich Demosthenes die Wertschätzung der Großen und die Bewunderung des Volkes. Der elegante Stil, die Wahl der Worte, die Anordnung der Gedanken, die Lebhaftigkeit der Handlung, die Vielfalt der Wendungen und Redefiguren entzückte den Geist seiner Zuhörer und gewann sie für seine Ansicht.

Auf die gleiche Weise zähmte Orpheus durch den Zauber seiner Leier die einfachen und grausamen Menschen und führte sie ihren Aufgaben zu. Jede Nation war stolz, wenn der große Pindar seine Lobgesänge anstimmte. Sogar Alexander, der auf seine Geburtsstadt wütend war und sie niederreißen ließ, gab den Befehl, das Haus des Dichters zu verschonen und schützte seine Familie. Das waren die Vorstellungen, die die Griechen und Römer sich von ihren Rednern und Dichtern machten.

Solange die Philosophie in den Händen weniger Gelehrter lag und solange sie sie geheimnisvoll verschleierten, um das eigene Ansehen bei der einfachen Bevölkerung zu begründen, die um so erstaunter ob ihrer Weisheit war, je weniger sie davon verstand, wurde das Volk dumm und im Schatten der gröbsten Unwissenheit gehalten. Mit dem Erwachen der schönen Künste erschien das Tageslicht erneut und schenkte seine neu gewonnene Helligkeit dem blinden Volk. Erlauben sie mir, meine Herren, Sie an unsere Vorfahren, die Germanen, zu erinnern! Wie lange wurden sie als grob und barbarisch betrachtet, weil sie keinen Sinn für geistige Werke hatten. Aber sobald die Künste zu ihnen die Fackel der Erleuchtung brachte, erwachten sie aus ihrem Schlummer und kamen alsbald in allen Formen literarischen Schaffens den anderen Nationen gleich. Griechenland und Rom, einst strahlend schön, so fruchtbar an schönen Geistern und großen Menschen, verfielen durch die Vernachlässigung der schöngeistigen Literatur in eine vollkommene Unfruchtbarkeit und sogar in die Barbarei. Solange die Scholastik die Welt tyrannisierte und Aristoteles, der durch die Araber und die Dummheit der Mönche mit Füßen getreten und zerrissen wurde, der alleinige Herrscher über die Schulen war, solange sie aus einer faden Logik voll von Sophismen und einer misslichen und subtilen Metaphysik bestand, fiel die Menschheit in die Dunkelheit zurück. Durch die Erneuerung der Künste, nachdem die Barbarei der dunklen Jahrhunderte etwas vertrieben war und man begann, die Philosophie verständlicher auszulegen und sie mit Hilfe der Muttersprache unters Volk zu bringen, wurden die Nationen in kurzer Zeit aufgeklärt, der Verstand, nun frei von falschen Vorurteilen, war überrascht, über so viele Jahrhunderte hinweg ein Spielball des Aberglaubens und Sklave der Tyrannei gewesen zu sein. Er begann nun freier zu atmen und riss gleich einem Strome, der sein Bett verlässt, alles mit sich, das sich ihm in den Weg stellte. Er ließ die Menschenrechte und den gesunden Menschenverstand neu aufleben. So führten die schönen Künste – befördert durch die Medici, erfolgreiche Händler, aus denen Wohltäter des Menschengeschlechts wurden – Italien aus der Dunkelheit heraus, und das Land stieg wieder zu der Größe und dem Ruhm auf, in dem es während der Regierungszeit des Augustus erstrahlte. Der Schutz, den Ludwig der Große[1] den Musen zuteilwerden ließ, erschuf nicht nur Leute wie Racine, Boileau, Corneille und Molière, sondern auch solche wie Descartes, Gassendi und Malebranche. Die erhabenen Wahrheiten, mit denen Leibniz und Newton das Wissen der Menschheit bereicherten, wären nicht zu Tage getreten, wenn die schöngeistige Literatur ihnen nicht den Weg gebahnt hätte.

Aber ich spüre, dass ich mich zu sehr bei diesem Thema aufhalte und dass ich Gefahr laufe, die Geduld dieser illustren Versammlung überzustrapazieren – ich werde mich daher damit begnügen, bevor ich meine Rede beende, in einigen Worten die Vorteile, die das weite Feld der Philosophie der schöngeistigen Literatur darbietet, zu benennen.

Die Untersuchungen, die der Philosoph aus Neugierde anstellt, führen weiter als jene des Liebhabers

---

[1] Gemeint ist Ludwig XIV.

der schöngeistigen Literatur, sein Wissen ist erhabener, tiefer und weiter gefasst. Der Philosoph ist daran gewöhnt, alles zu vertiefen und alles zu Ende zu bringen. Dadurch wird die Philosophie zur Lehrerin der Künste und hindert sie daran oberflächlich zu werden. Sobald man mehr Blumen als Gedanken ausbreitet, sobald man mehr danach trachtet, dem Geist durch Verzierungen der Redekunst zu gefallen, als ihn durch die Wahrheit zu überzeugen, schwächt man die Wahrheit durch falschen Schein und alberne Affekthascherei und verdirbt die Redekunst. Cicero selbst, dieser große römische Redner, hat die Philosophie von Grund auf gelernt, und er bezeugt, dass dieses Studium ihm unendlich mehr geholfen habe als das Studium der Rhetorik. So sagt er: »Ich bekenne, dass ich ein Redner, wenn ich es sein sollte, oder auch irgendetwas anderes, nicht aus der Schule der Redekunst, sondern aus der Wandelhalle der Platonischen Akademie hervorgegangen bin.«

Die Philosophie lässt in einer Rede Ordnung und Stichhaltigkeit walten und macht sie dadurch verständlich und der Wahrheit zugänglicher. Ohne sie sagt der Redner die Dinge so, wie sie ihm in den Sinn kommen, ohne Ordnung, ohne Wahl, ohne Richtigkeit, und durch diese Nachlässigkeit ruft er bei seinen Zuhörern Abscheu und Verachtung hervor. Der Redner, der mehr damit beschäftigt ist, seine Rede zu verschönern als sie mit stichhaltigen Wahrheiten zu füllen, deklamiert nur, er schmeichelt den Ohren durch den Klang und die Harmonie der Satzgebilde, durch einen blumigen Stil und brillante Gedanken macht er dem Verstand etwas vor, er gewöhnt seine Zuhörer daran, die Schaumschlägerei als Wahrheit, die allein den Verstand zu laben vermag, anzunehmen — zu was soll diese Redekunst gut sein? Sie kann wohl kurzfristig bezaubern und entzücken, aber ihr Eindruck ist nicht von langer Dauer! – Ganz anders, wenn der Redner sich nützliche und breite Kenntnisse aneignet, seinen Geist mit über das Triviale hinausgehenden Wahrheiten bereichert und sorgfältig die Menschen und ihre Leidenschaften studiert. – Das gleiche gilt für die Dichtkunst. – Hierzu die Ansicht des Horaz, dieses großen Kenners der Künste: »Etwas richtig zu wissen ist Anfang und Quelle des Schreibens.« Und an einer anderen Stelle: »Die sokratischen Schriften werden dir die Sache zeigen.«

Der Dichter wird ohne die Wissenschaften, die seinen Geist mit nützlichem Wissen bereichern und seinen Gedanken die nötige Bestimmtheit geben, nur ein ärmlicher Verseschreiber sein. Was wir soeben über die Dichtkunst und die Redekunst gesagt haben, trifft ebenso auf alle anderen Bereiche der schöngeistigen Literatur zu, überall, wo man Unterscheidungsvermögen benötigt, um Wahres von Falschem abzuheben; es fällt der Genauigkeit des Geistes und des durch eine vernünftige Philosophie geleiteten Verstandes anheim, darüber zu entscheiden. Die schönen Künste ziehen einen Nutzen daraus und ihr Regelwerk wird durch Entscheidungen, die auf der Natur der Dinge selbst und Erfahrungen beruhen, sicherer. Daraus resultiert Ordnung, Klarheit,

Stichhaltigkeit und Energie in den Geistesarbeiten. Die Philosophie muss die Vorstellungskraft im Zaum halten, damit sie uns nicht hinwegreißt und gegen die Regeln des guten Geschmackes verstoßen lässt.

Fehlte es Männern wie Ovid, Seneca und Lucan an Genie oder Regeln? An Schöpfergeist oder an vorsichtiger Zurückhaltung? Am Geiste oder am Wissen, diesen zu lenken? Wer wüsste nicht, dass die Ausschweifung ihr Fehler war und dass zuviel des Geistes die besten Geisteswerke verdirbt, wie ein Übermaß an Blut dem Körper schädlich ist.

Auf die gleiche Weise leitet die Philosophie unseren Verstand und unsere Urteilskraft, wenn wir die Werke der Gelehrten lesen, und versetzt uns in die Lage, sowohl die Fehler eines Werkes zu erkennen als auch seine schönen Seiten zu spüren, sie hindert uns daran, uns durch das Falsche, wie brillant es auch immer sein sollte, blenden zu lassen. – Auf diese Weise bereichert und vergrößert die Philosophie den Bereich der Musen durch das weite Reich der Wahrheit, durch ihre Erkenntnisse öffnet sie Schätze und Schönheiten, die ohne sie für immer verborgen blieben.

———————

Ich beende meinen bescheidenen Versuch über die Verbindung der schöngeistigen Literatur mit der Philosophie und über ihren weitreichenden Nutzen, um einer Aufgabe nachzukommen, die mir von allerhöchster Bedeutung ist. Es geht darum, meinen Dank für all das Gute und die Vorteile, die mir während meines Aufenthaltes an diesem erlauchten Sitz der Musen widerfahren sind, zur Geltung zu bringen. – Welch demütige Danksagung muss ich nicht unserem erlauchten Fürsten und gnädigen Beschützer dieses Nährbodens der Wissenschaften zuteilwerden lassen. Möge der Allmächtige ihn von allen Wohltaten kosten lassen, die unsere zarten Herzen ihm wünschen und die wir nicht mit unbeholfenen Worten auszudrücken vermögen. Möge er seiner durchlauchten und ruhmreichen Familie lang anhaltende Glückseligkeit schenken und möge sein Glanz sich bis in alle Ewigkeit erstrecken.

Sie, meine berühmten, ehrwürdigen, herausragenden Herren, Sie haben unsere Schule mit so viel Güte erfüllt und erneut in der letzten Prüfung die Freundlichkeit gehabt, unsere jugendlichen Gehversuche mit Ihrer Anwesenheit zu ehren und weiterhin Ihre großzügige Nachsicht gegenüber unseren Unzulänglichkeiten walten zu lassen. Gott, die Quelle allen Wohlergehens, weiß um die dafür anstehende Belohnung und gibt ihnen lang währende Gesundheit. Ich bitte Sie, meine Herren, lassen Sie mir diesbezüglich die gleiche Güte zukommen.

Sie, meine Herren, die mir die Ehre ihrer großzügigen Anwesenheit und Aufmerksamkeit zuteilwerden ließen, nehmen Sie meinen demütigsten und aufrichtigsten Dank für ihr Wohlwollen, dem ich mich mit höchstem Respekt anbefehle.

Ich wende mich nun an Sie, sehr gelehrter und hochwürdiger Rektor! ehrwürdigster Vater der Jugend. Kann ich auch nur annähernd die Gefühle, von denen mein Herz erfüllt ist, ausdrücken? Wie kann ich für so viele Wohltaten und all die Güte, mit der Sie uns beschenkt haben, einen würdigen Dank aussprechen? Aber das Empfinden übersteigt den Reichtum der Redekunst weit, diese erhabene Kunst ist der Natur gegenüber ohnmächtig. – Ihnen, mein hochehrwürdiger Lehrer, gebührt nach Gott mein Dank für alles, was ich bin. Sie haben durch ihre Pflege meine schwache Jugend geführt, Sie haben mit Milde meine Fehler korrigiert, Sie haben mir heilsame und nützliche Kenntnisse vermittelt. Durch ihre Lehren und noch vielmehr durch Ihr Vorbild haben Sie in mir die Leidenschaft für die Religion und die Empfindungen der Aufrichtigkeit und Rechtschaffenheit erweckt. Schließlich waren Sie die Quelle, aus der ich alles schöpfte, was ich besitze, die sowohl den Armen als auch den Reichen, demjenigen aus niederer wie auch aus höherer Herkunft offensteht.

Niemals wird die Erinnerung an Ihre Güte und Ihre Wohltaten verblassen, Wohltaten, die Sie mir so oft zuteilwerden ließen, dass ich sie weder durch meine Zuneigung noch durch meine Aufmerksamkeit gegenüber allem, was Ihnen Freude bereiten könnte, jemals werde verdienen können. Ich kann Ihnen nur liebevolle Wünsche überreichen und den alleinigen Herrn über die Menschheit, dem es allein obliegt, das Schicksal der Menschen zu lenken, bitten, dass er seinen Segen über diesen edlen Leiter unserer Schule ausbreiten möchte, dass er über seinem Heil wachen und sein wohltätiges Leben noch sehr lange Zeit bewahren möge. Dass der Allmächtige Sie vor jeder Krankheit und vor jeglichem Schicksalsschlag, der die Heiterkeit ihrer Tage trüben könnte, schützen möge. Dass er die Güte habe, allem, was Sie im Interesse der Jugend und der Blüte dieses berühmten Sitzes der Musen unternehmen, seine Gnade zu schenken, dass hier unter ihrer weisen Führung der Sinn für die Wissenschaften und das Studium, der hier schon immer geherrscht hat, aber noch mehr die Frömmigkeit und die Religion, die daraus den größten Glanz erscheinen lässt, bewahrt und erhöht werde. Ja, Gott wird die liebevollen Gebete erhören, er wird den großzügigen Menschen, die Seinen und alles, was ihm wichtig ist, segnen.

Sie meine verehrten Herren, die Sie so viel Verdienste um die Ausbildung der Jugend, die Ihnen anheim gelegt wurde, erwarben, nehmen Sie bitte die Arbeiten, die ich Ihnen vor meiner Abfahrt gebe, an und seien Sie versichert, dass die Erinnerung an Ihre Güte niemals erlöschen werde.

Schließlich meine lieben Freunde, nur mit Bedauern trenne ich mich von euch und denke an die zärtliche Freundschaft zurück, die ihr mir zuteilwerden ließet. Ich danke euch dafür und bitte euch darum, diese aufrechtzuerhalten. Möge der Ewige euch so glücklich machen, wie ich es euch wünsche.

Wilhelm Arnold Ruopp

»Eine Büste nur? Dem Mann hätten sie doch wohl ein ganzes Standbild setzen können!«[1]

Jakob Wilhelm Fehrles Karl-Julius-Weber-Büste in Langenburg*

Karl Julius Weber wurde am 21. April 1767 im soge-nannten Taldazalischen Haus (heute Rathaus) in Langenburg geboren.[2] 104 Jahre nach seinem Tod in Kupferzell 1832 setzte ihm die kleine ehemalige hohenlohische Residenzstadt Langenburg im Jahr 1936 mit einer Büste an der damaligen Volksschule ein Denkmal. Dort erinnert es bis auf den heutigen Tag an den Schriftsteller und Bücherfreund. Die Ent-scheidung für das Denkmal und den Künstler, der es schaffen sollte, war, wie aus den Unterlagen des Archivs

---

* Für Hans Schreyer aus Langenburg – den Sammler, Forscher, Förderer.

1 Diese Feststellung trifft der »alte Musikmeister Christian Valentin« in Theodor Storms Novelle »Ein stiller Musikant« (1874) über die Büste von Wilhelm Hauff, die den Dichter – hoch über dem Echaztal – auf das ihm gewidmete ›Schlossdenkmal‹ Lichtenstein bli-cken lässt, das der Erzähler »im vorigen Jahre« besucht hatte.

2 Vgl. W. M. Dienel: Das Langenburger Rathaus. In ihm wurde 1767 Karl Julius Weber geboren. Protokolle berichten vom Verkauf 1819. In: Hohenloher Tagblatt (Hg.): Der Frankenspiegel, Beilage für Heimatgeschichte und Heimatkunde im Kreis Crailsheim. März 1968/ Jahrgang 20, Nummer 3.

*Steinbüste von Jakob Wilhelm Fehrle an der Alten Schule
in Langenburg.*

der Stadt Langenburg hervorgeht, nicht ganz einfach
und ist ein Spiegelbild der damaligen Zeit.

Unweit des (1922 aufgelassenen) Wolfgangfried-
hofs[3] und westlich der Straßengabelung Gerabronn/

---

3 Vgl. Landesdenkmalamt Baden-Württemberg und Landes-
vermessungsamt Baden-Württemberg (Hg.): Ortskernatlas Baden-
Württemberg 1.12 Stadt Langenburg. Stadt Schrozberg (Stadtteil
Bartenstein). Landkreis Schwäbisch Hall, Stuttgart 1996, S. 16.

Blaufelden wurde 1890 in der (damals) äußersten östlichen Vorstadt Langenburgs ein neues Schulhaus mit zwei Klassenräumen erbaut, das als Volksschule genutzt wurde.[4] Karl Julius Weber verbrachte seine Schulzeit noch in verschiedenen Gebäuden im ›inneren Städtle‹. Die Zunahme der Kinderzahl und neue pädagogische Gesichtspunkte machten dann 1936 eine Erweiterung des zweigeschossigen verputzten Massivbaus (mit Satteldach) um zwei weitere Klassenräume notwendig, die an der Ostseite angebaut wurden.[5] Mit dem planerischen Entwurf wurde 1935 Dr. Eduard Krüger[6] (1901-1967) beauftragt.[7]

Am nördlichen Dachtrauf des neuen Gebäudeteiles

---

[4] Zuletzt waren in diesem Gebäude – heute Fürst-Ernst-Platz 1 – bis 1975 die vier Klassenräume der Langenburger Grundschule untergebracht. Heute ist das Haus in Privatbesitz und der Geschichts- und Kulturverein Langenburg e. V. belebt es, dank Hans und Karl Schaeff/Langenburg, durch eine öffentliche Bücherei, das Langenburger Stadtarchiv und zahlreiche Veranstaltungen.

[5] Stadtarchiv Langenburg: Langenburger Gemeinderatsprotokoll Band 30, 1935-1937, S. 33ff. (LB 30).

[6] Regierungsbaumeister Krüger war Schüler von Paul Bonatz und Paul Schmitthenner und Lehrstuhlvertreter von Bonatz an der TH Stuttgart. Seine Mutter Marie Krüger-Beyschlag stammte aus Schwäbisch Hall. Krüger heiratete 1937 in Schwäbisch Hall, wo er 1946 als Stadtplaner und Berater der Stadt Schwäbisch Hall ansässig wurde. Zahlreiche seiner Untersuchungen zur Haller Stadtgeschichte finden sich in der Zeitschrift »Württembergisch Franken« und in selbständigen Veröffentlichungen, vgl. Eduard Krüger: Schwäbisch Hall. Mit Großkomburg, Kleinkomburg, Steinbach und Limpurg. Ein Gang durch Geschichte und Kunst, Schwäbisch Hall 1953. Die 2. Auflage erschien 1967, in dritter Auflage neu bearbeitet von Fritz Arens und Gerd Wunder, Schwäbisch Hall 1982; dort S. 2f. auch kurzes Lebensbild Krügers und die Geschichte des »Krügerbüchleins«.

[7] Vgl. Stadtarchiv Langenburg: Langenburger Gemeinderatsprotokoll. Band 30, 1935-1937, S.183ff. (LB 30).

zur Hauptstraße hin wurde bei der Erweiterung 1936 ein zierliches Fachwerk-Uhrentürmchen angebaut, das in eine trichterförmige Konsole ausläuft. Eine kleine männliche Tragfigur, auf deren Nacken die Konsole aufsaß, sollte ursprünglich den unteren Abschluss des Türmchens bilden.[8] Bei den Beratungen darüber kam es zu dem Vorschlag, diese Figur mit Karl Julius Weber in Verbindung zu bringen.[9] Für die Darstellung der Skulptur am erweiterten Langenburger Schulhaus wurden zwei Künstler angefragt, die Entwürfe einreichten: Erwin Dauner (1894-1980) aus Ludwigsburg und Jakob Wilhelm Fehrle (1884-1974) aus Schwäbisch Gmünd.

Erwin Dauner war bekannt durch sein 1933 eingeweihtes Burschenschaftsdenkmal in Eisenach und durch zahlreiche Kriegerdenkmäler und andere Skulpturen mit politischem Hintergrund, die in der Zwischenkriegszeit und während des Dritten Reiches entstanden. Leider ist sein Entwurf für das Langenburger Schulhaus nicht mehr vorhanden. Er entsprach offenbar dem Gedanken einer »Trageskulptur«.[10]

Der andere Entwurf, den Fehrle vorlegte, ist in Langenburg als Gipsbüste erhalten und an der Südwand

---

8 Vgl. Stadtarchiv Langenburg: La 151: Dr.-Ing. Eduard Krüger, Schreiben vom 21.7.1940 an Bürgermeister Knapp. Vgl. auch die Planunterlagen Krügers für den Umbau der Schule mit detaillierter Zeichnung des Türmchens und der ursprünglich vorgesehenen Tragefigur, Stadtarchiv Langenburg, LA 551.
9 Vgl. Stadtarchiv Langenburg: Langenburger Gemeinderatsprotokoll Band 30, 1935 -1937, S. 313 ff. (LB 30).
10 Vgl. Anmerkung 5.

des Sitzungssaales im zweiten Obergeschoss des Langenburger Rathauses (Geburtshaus Webers) noch immer angebracht. Fehrle hat zahlreiche Skulpturen und Figurengruppen in privatem und öffentlichem Auftrag geschaffen. Der Sohn eines Gmünder Handelsgärtners absolvierte zunächst eine Lehre als Ziseleur bei der Metallwarenfabrik Erhard und Söhne in Schwäbisch Gmünd. 1904 ging er an die Kunstakademie nach Berlin und wechselte später an die Münchner Akademie. 1909 war er ein Jahr in Rom. Von entscheidender Prägung waren für ihn dann die Pariser Jahre von 1911 bis zum Ausbruch des Ersten Weltkrieges. In Paris lernte er Künstler wie Georg Kolbe, Wilhelm Lehmbruck, Aristide Maillol, Paul Klee und Pablo Picasso kennen und fand seinen eigenen Stil. Am Ersten Weltkrieg nahm Fehrle an der Westfront teil und kam danach wieder nach Schwäbisch Gmünd zurück. 1928 erhielt er den Professorentitel. Größere öffentliche Aufträge wurden ihm auch nach 1933 übertragen. So schuf er 1935 in Gmünd das Kriegerdenkmal für die Gefallenen des Ersten Weltkrieges. »Fehrle lavierte und passte sich an – wie leicht oder schwer es ihm fiel, daran scheiden sich bis heute die Geister. Es sei daran erinnert, dass in einer seltsamen Gegenläufigkeit noch 1937 Werke von ihm aus der Stuttgarter Staatsgalerie und dem Ulmer Museum als ›entartet‹ beschlagnahmt und nach Berlin gesandt wurden.«[11]

---

11 Reinhard Wagenblast: Heute vor 125 Jahren wurde Jakob

Jakob Wilhelm Fehrle war in Hohenlohe kein Unbekannter: 1927 fertigte er für den Vorhof der Crailsheimer Gottesackerkirche das von Professor Wilhelm Jost/Stuttgart entworfene Kriegerdenkmal für die Gefallenen des Ersten Weltkriegs an. Im Innenraum der nach dem Brand von 1929 wieder hergestellten Stadtkirche von Kirchberg an der Jagst dominiert seit 1930 ein überlebensgroßer, aus Ton gebrannter Kruzifixus von Fehrle.[12] Auch später blieb man in Langenburg mit Fehrle in Kontakt wegen des Projekts eines Marktbrunnens.[13]

Am 28. September 1936 befasste sich der Langenburger Gemeinderat unter der Leitung von Bürgermeister Laub (1933–1939) mit den Entwürfen.[14]

Wilhelm Fehrle geboren. Gmünds bekanntester Bildhauer des 20. Jahrhunderts. In: Remszeitung Schwäbisch Gmünd und Ostalbkreis, Freitag, 27. November 2009. Nach Günther Wirth: Verbotene Kunst 1933-1945. Verfolgte Künstler im deutschen Südwesten, Stuttgart 1987, S. 296 wurden fünf Plastiken Fehrles als ›entartet‹ beschlagnahmt.

[12] Vgl. Abbildung in: Der Landkreis Schwäbisch Hall. Hrsg. vom Landesarchiv Baden-Württemberg in Verbindung mit dem Landkreis Schwäbisch Hall. Bd. 2, Ostfildern 2005, S. 30. Abbildungen weiterer Arbeiten von Fehrle in der Kirchberger Stadtkirche in: Hans Dieter Haller: Kirchberg an der Jagst. Ein Malerort, Kirchberg/Jagst 2016, S. 172f. Sehr gut informiert über Fehrle und seine Arbeiten in Kirchberg: Axel Voge: Jakob Fehrle. Bildhauer in der Stadtkirche in Kirchberg. Kirchberger Hefte 9, hrsg. vom Museums- und Kulturverein Kirchberg an der Jagst 2010.

[13] Vgl. Stadtarchiv Langenburg: Langenburger Gemeinderatsprotokoll Band 31 (LB 31), S. 703ff.

[14] In der Jahresrechnung von 1936 findet sich der Hinweis, dass Fehrle für den Entwurf des Gipsmodells 3816,92 Mark erhielt, vgl. Stadtarchiv Langenburg: LR 70, Hauptbuch der Gesamtgemeindepflege Langenburg, Kassentagbuch des Elektrizitätswerks, Einnahmezahlungsverzeichnis und Einwohnersteuerliste.

Das Langenburger Gemeinderatsprotokoll schildert in anschaulicher Weise die Alternativen und ihre Einschätzung: »Für die Kunstbildhauerarbeiten haben die Kunstbildhauer Dauner in Ludwigsburg und Professor Fehrle in Schw. Gmünd je den Entwurf einer Plastik hergestellt. Der Entwurf Dauner ist ein reines Phantasiegebilde, das keinerlei Beziehung zur Stadt aufweist, während der Entwurf Fehrle den in Langenburg am 16. April 1767 geborenen Schriftsteller Karl Julius Weber darstellt und in seiner Ausführung als gut gelungen zu bezeichnen ist.«[15]

Es ist wahrscheinlich, dass für die aus Muschelkalk gehauene Büste Fehrles (100 cm hoch, 75 cm breit, 55 cm tief) eine in den Werken Webers abgedruckte und von Mena 1811 geschaffene Zeichnung von Weber als Vorbild diente (gestochen von Carl Dies).[16] Deutlich auf Weber bezogen ist darüber hinaus jedoch das Buch in seiner rechten Hand, das ihn als Verfasser des »Demokrits« ausweist und als Denkerpersönlichkeit darstellt, die sinnierend den Zeigerfinger der linken Hand an Ohr und Schläfe hält. Möglich ist freilich auch, dass es gerade der Zeigefinger war, der für die Langenburger Ratsherren den Ausschlag gab. Buch, Zeigefinger und Schulhaus gehören doch nach ihrer Auffassung wohl eng zusammen!

---

15 Vgl. Stadtarchiv Langenburg: Langenburger Gemeinderatsprotokoll Band 30, 1935-1937 (LB 30), S. 313 ff. Weber wurde am 21. April 1767 geboren!
16 Vgl. das Frontispiz in verschiedenen Auflagen des ersten Bandes des ›Demokritos‹.

Ganz sicher waren Bürgermeister und Gemeinderäte sich aber doch noch nicht, ob sie mit dieser Skulptur (und ihrem Künstler?) die richtige Wahl getroffen hatten. Denn der Protokolleintrag schließt mit der Feststellung: »Über die Frage des Preises der Arbeit ist bis jetzt noch nichts bekannt. Entschliessung: Die Ausführung der Kunstbildhauerarbeiten nach Massgabe des vorliegenden Entwurfs dem Kunstbildhauer Professor Fehrle in Schw. Gmünd zu übertragen, vorbehältlich der Regelung der Preisfrage und der Stellungnahme des Gaukulturwarts zur Person Weber und zum Inhalt seiner Schriftwerke.«[17]

Gaukulturwart war damals Georg Schmückle (1880-1948), gleichzeitig Landesleiter der Reichsschrifttumskammer für Württemberg und Hohenzollern, von 1939 bis 1945 Direktor des Schiller-Nationalmuseums in Marbach am Neckar und Vorsitzender des Schwäbischen Schillervereins. Welches Urteil dieser »Karrierist im NS-Kulturbetrieb«[18] über Weber geäußert hat, ist in den Akten des Langenburger Archivs nicht auffindbar. Aber es wäre doch interessant, wenn wir erfahren könnten, ob sein – bestimmt auch in Langenburg bekanntes – »spöttisch Maul« von dort Absolution erhalten hat.

---

17 Stadtarchiv Langenburg: Langenburger Gemeinderatsprotokoll Band 30, 1935-1937, S. 33ff. (LB 30).

18 Vgl. www.zeichen-der-erinnerung.org/n5_2_schmueckle_georg. htm Schicksale und Lebensläufe, abgerufen am 01. 12. 2016, vgl. auch: Georgia Hauber: Georg Schmückle. In: Von Weimar bis Bonn: Esslingen 1919-1949. Begleitband zur Ausstellung Esslingen 1919-1949, Esslingen 1991. S. 475–477.

Umstritten war die Langenburger Weber-Büste Fehrles jedoch auch noch Jahre danach. Das Türmchen an der Wand des Schulhauses hatte keinen festen Halt und drohte herunterzustürzen. Der Langenburger Bürgermeister Otto Knapp (1939-1941) wandte sich nun an Dr. Ing. Krüger. In seiner Antwort vom 21. 7. 1940 unterbreitete Krüger nicht nur Vorschläge zur Behebung des Schadens, sondern machte auch deutlich, dass ihm die Büste Fehrles nicht behagte. Er schreibt: »Für die Abänderung des Uhrtürmchens am Schulhause liegen 2 Pläne bei. Von der jetzigen Ausführung mit der trichterartigen Endigung der Konsole am Kopfe des Schulmeisters [sic!] Weber war ich noch nie entzückt. Das Unglück ist jedoch darauf zurück zu führen, dass ursprünglich eine andere Gestaltung durchgeführt werden sollte. Bildhauer Dauner – Ludwigsburg schlug eine kleine männliche Tragfigur vor, auf deren Nacken die Konsole aufsass. Da diese Gestaltung zunächst gutgeheissen wurde, ist der Steinbossen danach bestellt worden. Erst später wurde alles nochmals geändert; die Darstellung wurde völlig anders und statt der [des!] ersten Bildhauers wurde die Arbeit Prof. Fehrle-Gmünd übertragen. Die trichterförmige Konsole war jedoch bereits vorhanden, sie ragte nun sehr unsinnig aus dem Kopfe Webers hervor. Ich habe die Änderung auch mit dem Statiker, Reg.baum. Waas-Stuttgart durchgesprochen, er war der Ansicht, dass die Umänderung ohne Gefahr erfolgen könne, wenn die restliche Konsole mit dem Mauerwerk verankert, die Last des Türmchens auf die Hauswand übertragen und eine Verankerung am Dachfussboden vorgenommen werde.«[19]

Dass Krüger gerne dem Ludwigsburger Künstler Dauner den Vorzug gegeben hätte, geht nicht nur aus diesem Schreiben hervor. Das Gebäude der Sparkasse Schwäbisch Hall zwischen Haalgasse und Hafenmarkt wurde ab 1937 nach Entwürfen des Architekten Eduard Krüger errichtet (eröffnet 1941) und zeigt (bis heute – freilich »gereinigt«) figürliche Bauplastik von dem Bildhauer Erwin Dauner aus Ludwigsburg.[20]

So ist die Langenburger Karl-Julius-Weber-Büste von Jakob Wilhelm Fehrle zwar kein »Standbild« im Sinne des »alten Musikmeisters Christian Valentin« bei Theodor Storm.[21] Aber doch ist das Denkmal ein kleiner Spiegel der Architektur- und Kunstgeschichte und auch der Geistes- und Ungeist-Geschichte in einer schwierigen Zeit.

Dass sich die Langenburger für diese Büste entschieden haben, kann auch als eine Verneigung vor einem ›aufgeklärten Kopf‹ verstanden werden.

---

[19] Vgl. Stadtarchiv Langenburg: La 151; Schriftstück vom 21.7.1940, Dr.-Ing. Eduard Krüger.
[20] Stadtarchiv Schwäbisch Hall: Liste der Kulturdenkmale Stadt Schwäbisch Hall, Stand 10/1982, S. 213 und Wolf-Dieter Retzbach: Vor 75 Jahren. Sparkasse eröffnet. Bau am Hafenmarkt, in: Südwestpresse/ Haller Tagblatt vom 16.4. 2016.
[21] Vgl. Anm. 1.

Die Autoren

Martin Blümcke, geb. 1935, von 1970 bis 1998 Leiter der Redaktion »Land und Leute« beim Süddeutschen Rundfunk. Langjähriger Vorsitzender des »Schwäbischen Heimatbundes« und von 1983 bis 2011 Redakteur der Zeitschrift »Schwäbische Heimat«. Zahlreiche Veröffentlichungen zu volks- und landeskundlichen Themen.

Stefan Knödler, 1974 in Reutlingen geboren. Ausbildung zum Sortimentsbuchhändler, anschließend Studium der Germanistik und Anglistik in Stuttgart; Promotion 2009. Seit 2008 als Literaturwissenschaftler an der Universität Tübingen, seit 2016 als Akademischer Rat. Mitherausgeber der Vorlesungen August Wilhelm Schlegels, Veröffentlichungen vor allem zur Romantik und zur Literatur in Württemberg.

Wilhelm Arnold Ruopp, geb. 1946 in Waiblingen, Dipl. Päd., Pfarrer i.R., Langenburg, Vorsitzender des Geschichts- und Kulturvereins Langenburg e. V.

Martin Scharfe, Dr. phil., Univ.-Prof., geb. 1936 in Waiblingen, lebt und arbeitet in Marburg an der Lahn. Studien zu Frömmigkeitsgeschichte, Kulturgeschichte des Straßenverkehrs, der Technik, des Bergsteigens u. a. m.

Friedemann Schmoll, geb. 1962, Professor für Volkskunde/Empirische Kulturwissenschaft an der Friedrich-Schiller-Universität Jena. Mitherausgeber der »Kleinen Landesbibliothek« bei Klöpfer & Meyer. Arbeiten zur Kulturgeschichte der Natur, Denkmal und Erinnerung, regionale und nationale Identität. Seit 2012 Redakteur der »Schwäbischen Heimat«.

Gymnasium Gerabronn, Schüler und Schülerinnen Profilfach Französisch des Abiturjahrgangs 2017 mit Studiendirektor Andreas Ilg.

Die Realisierung dieses Bandes wurde ermöglicht durch die Unterstützung

– der Landkreisstiftung Schwäbisch Hall;
– Stiftung der Sparkasse Schwäbisch Hall-Crailsheim;
– Stiftung der Württembergischen Gemeinde-Versicherung a G. (WGV-Stiftung);
– Berthold Leibinger Stiftung GmbH Ditzingen;
– Volksbank Hohenlohe eG Öhringen;
– Klaus Ottenbacher, Künzelsau.

© 2017 Klöpfer & Meyer Verlag GmbH & Co. KG, Tübingen.
Alle Rechte vorbehalten.
ISBN 978-3-86351-523-2

Umschlaggestaltung: Christiane Hemmerich
Konzeption und Gestaltung, Tübingen.
Herstellung: Horst Schmid, Mössingen.
Satz: Alexander Frank, Ammerbuch.
Druck und Einband: Pustet, Regensburg.

Mehr über das Verlagsprogramm von Klöpfer & Meyer
finden Sie unter: *www.kloepfer-meyer.de*

Hermann Bausinger
Eine Schwäbische Literatur-
geschichte

440 Seiten und
20 s/w Abbildungen,
gebunden mit Schutzumschlag
und einem Lesebändchen,
auch als eBook erhältlich

Ein guter, verlässlicher Versuch über die schwäbische Literatur. Von Wieland, Schubart, Hölderlin über Mörike, Uhland, Vischer bis zu Blau, Härtling, Troll und Walser. Glänzend erzählt.

»Ein meisterhafter Überblick, ein Standardwerk,
ein unentbehrliches Lesebuch.« **Literaturblatt**

»Lesenswertes über Mörike, Schiller & Co: wunder-
bar kurzweilig.« **Mannheimer Morgen**

»Hermann Bausinger: nie elitär – und schon gar
nicht besserwisserisch. Immer aber: Wissenschaft,
geistvoll, über raschend und auch fröhlich.«
Südwestrundfunk

KLÖPFER&MEYER

**Irene Ferchl
Über das Land hinaus
Literarisches Leben in
Baden-Württemberg**

Großformat, Duplexdruck,
184 Seiten und 162 Ab-
bildungen, gebunden
mit Schutzumschlag und
Lesebändchen

**Ein weites Panorama, eine lebendige
Revue der literarischen Verhältnisse im
Land. Von der Gründung, 1952, bis jetzt.**

»Nach allen Seiten offen: Ein vielstimmiger Über-
blick über das reiche literarische Leben in
Baden-Württemberg. Ein wunderbares Buch.«
Badische Zeitung

»Irene Ferchls Buch über das literarische Leben im
Land: ein ›Blitzgewitter aus Fotoalbum und Essay‹.«
Stuttgarter Zeitung

»Ein Dokument literarischer Kultur, wie es beein-
druckender nicht sein könnte.« **Südkurier**

KLÖPFER&MEYER